Georg Schwedt

Der Traum von einem *Bad Lamscheid* im Hunsrück

Die Bonner Professoren
HARLESS und BISCHOF
über den STAHLBRUNNEN im 19. Jahrhundert

Herstellung und Verlag:
BoD - Books on Demand, Norderstedt
ISBN 978-3-7412-7658-3

INHALT

Vorwort und Einleitung   **5**

Über *Lamscheid* und *die alkalisch-erdige Eisenquelle* im BROCKHAUS 1851   **8**

Die Brunnenschrift von Harless und Bischof 1827   **9**
    Zu den Widmungen   **10**
    Das Vorwort der Brunnenschrift   **13**
Die Anreise über St. Goar   **15**
    Zur Biographie von Christian Friedrich HARLESS   **23**
    Zur Geschichte des Brunnens   **28**
    Bergmann – Westrumb – Klaproth als Analytiker   **35**
    Aufenthalt in St. Goar   **41**
Lage und Oertlichkeit des Lamscheider Brunnens   **47**
    Lokaltermine im 21. Jahrhundert: Emelshausen-Sauerbrunnen -Lamscheid- Schwall-Leiningen-Pfahlfeld und Kastellaun im Hunsrück   **55**
    Zur Biographie von Karl Gustav BISCHOF   **68**
Physikalische und chemische Untersuchung des Lamscheider Mineralwassers   **70**
    I *Physikalische Untersuchung*   **70**
    II. *Chemische Untersuchung*   **73**
    Das Fazit   **75**

Der Sauerbrunnen heute   **77**

Geologische Zusammenhänge zur Herkunft des Quellwassers... **81**
C. Remigius Fresenius über den Lamscheider Brunnen 1869   **83**

Der Lamscheider Stahlbrunnen im *Deutschen Bäderbuch* 1907   **85**

Literatur   **87**

VORWORT UND EINLEITUNG

Im 19. Jahrhundert ist geradezu ein Boom an Veröffentlichungen über heilkräftige Mineralwässer zu verzeichnen. Die Schriften lesen sich oftmals wie Werbebroschüren, andere aber enthalten fundierte und recherchierte historische Details, beschreiben anhand eigener Besuche der Verfasser vor Ort sehr genau die Gegebenheiten sowohl der Brunnen als auch der Bade- oder Kurorte, berichten über den Versand der Mineralwässer und veröffentlichen vor allem auch die ersten zuverlässigen Analysenergebnisse.

Die analytische Chemie, speziell die Analytik der Mineralwässer, hatte erst durch bedeutende Chemiker wie vor allem Carl Remigius *Fresenius* in Wiesbaden, aber auch zuvor schon durch den Pionier der Geochemie Karl Gustav *Bischof* in Bonn, einen Stand erreicht, der es möglich machte, in den meisten Fällen auch richtige Ergebnisse für die Inhaltsstoffe in Mineralwässern zu erzielen, obwohl ihnen als einziges Instrument nur die Waage zur Verfügung stand. Auch die Heilanzeigen wurden allmählich wissenschaftlich fundierter – Mineralwässer wurden nicht mehr zu Allheilmitteln erklärt.

Das Besondere vieler Veröffentlichungen besteht darin, dass die Autoren oft mit sehr persönlichen Angaben über ihre Untersuchungen berichten, dass sie sich ausführlich mit der Literatur, mit der Geschichte, mit der Entwicklung des Ortes und auch kritisch mit den Untersuchungsergebnissen ihrer Vorgänger auseinander setzten. Ihre Beschreibungen gehen meist aus mehrmaligen Besuchen an den Quellen und Brunnen hervor.

Als interessantes Beispiel wurde für dieses Buch stellvertretend für viele ähnliche Brunnen in der Eifel und im Taunus, über die der Autor bereits berichtet hat (s. Literaturverzeichnis), eine Veröffentlichung über den im

Vergleich zu den Quellen in Bad Ems oder die Quelle in Niederselters/Taunus (den Selterswasser-Brunnen) weniger bekannten *Lamscheider Stahlbrunnen* im Hunsrück ausgewählt. Er ist wie viele andere Brunnen seit mindestens fünf Jahrhunderten bekannt, weist exemplarisch historische Entwicklungen in den Rheingegenden auf und der Bericht selbst enthält detaillierte Ortsbeschreibungen sowie Analysenergebnisse mit verständlichen und anschaulichen Beschreibungen der Analysenverfahren.

Zwei Autoren, Professoren der noch jungen Universität Bonn, haben diese umfangreiche Broschüre gemeinsam verfasst – der Mediziner Christian Friedrich *Harless* und der Chemiker und Geologe Karl Gustav *Bischof* – ein Pionier der Geochemie und Mineralwasseranalytik. Sie stehen auch im Mittelpunkt aller Darstellungen. Sie werden ausführlich vorgestellt und der Autor wird anhand der 1827 erschienenen Veröffentlichung, die u.a. in der Bibliothek des Institutes für Rheinische Landesgeschichte in Bonn vorhanden ist, ihnen bei ihren Recherchen und Untersuchungen nachfolgen.

Aus ihrer Veröffentlichung werden die wichtigsten Stellen wörtlich übernommen. Um das Buch nicht zu einem speziellen Fach- sondern zu einem *allgemeinverständlichen*, vielleicht auch anregend lesbaren *Sachbuch* gestalten zu können, werden Passagen eingebaut, die das Vorgehen der beiden Autoren fiktiv, aber durch *Fakten* begründet, beschreiben. Der Leser wird die beiden Wissenschaftler auf ihren Reisen von Bonn in den Hunsrück begleiten, Reisen die der Autor mit Bahn und Bus im 21. Jahrhundert nachvollzogen hat. Im August 2013 stand der Mineralbrunnen in Lamscheid zum Verkauf – eine lange Geschichte und der *Traum* des *Bad Lamscheid* war damit zu Ende gegangen.

Das Besondere dieser *Brunnenschrift* besteht in mehreren Aspekten:

Die Autoren berichten nicht nur ausführlich anhand ihrer persönlichen Untersuchungen über den Stahlbrunnen in Lamscheid, sondern sie beziehen die gesamte Region des Hunsrücks ein.

Darüber hinaus enthält ihr Bericht zugleich durch die zahlreichen Vergleiche mit anderen Mineralwasserquellen – sogar über Deutschland hinaus – eine *Quellengeschichte* der Zeit um 1800.

Und drittens ermöglichen die ausführlichen und verständlichen Darstellungen zur Analytik und zur Hydrologie bzw. Hydro- und Geochemie, den Stand der Wissenschaft (mit den Biographien von den Autoren genannter bzw. zitierter Wissenschaftler) auf diesem Gebiet vorzustellen.

Regionalgeographie und -geschichte, Wissenschaftsgeschichte (Chemie und Medizin) sowie Balneologie werden anhand dieser umfangreichen Brunnenschrift von 102 Druckseiten im Oktavformat auf eindrucksvolle Weise veranschaulicht und durch Ortstermine auch teilweise erfahrbar.

Lamscheid und die *alkalisch-erdige Eisenquelle* im
BROCKHAUS 1851

Die Bedeutung der *Eisenquelle in Lamscheid* sowie der Veröffentlichung von *HARLESS und BISCHOF* wird aus dem Text in

Das große **Conversations-Lexicon**
für die
gebildeten Stände.

Herausgegeben von J. M e y e r.
Neunzehnter Band. Erste Abtheilung. (...) Hildburghausen, (...), Druck und Verlag des Bibliographischen Instituts. **1851.**

Der Text lautet:
„**Lamscheid**, preuß. Dorf, Rheinpr., R.-B. Koblenz, Kr. St. Goar, berühmt durch eine kalte, alkalisch-erdige Eisenquelle, welche dicht an der großen, von Koblenz über Boppard und Simmern nach Kreuznach führenden Landstraße in einem freundlichen Wiesenthale des Hundsrück entspringt. Analysirt wurde sie im Jahre 1808 von F u n k e n u. im Jahre 1827 von G. B i s c h o f f. Nach Letzterem beträgt die Temperatur des Wassers 14,5° R., bei 25° R. der Atmosphäre, sein spec. Gewicht 1,0013986. – Innerlich und äußerlich wird es in allen Fällen empfohlen, wo kräftige, alkalisch-erdige Eisenwasser indicirt sind, namentlich bei Schwäche des Muskel-, Gefäß- und Nervensystems atonischer Art, Krankheiten der Verdauungswerkzeuge und des Uterinsystem von Schwäche, – Hypchonderie, Hysterie, Würmern, Unfruchtbarkeit, Impotenz, Bleichsucht, passiven Blut- und Schleimflüssen, besonders Fluor albus – ferner als Stärkung in dem Stadium der Rekonvalescenz nach sehr schweren, akuten Krankheiten, so wie als stärkende Nachkur nach den von L. nur 10 Stunden entfernten Thermalquellen zu Bertrich."

Die Brunnenschrift von Harleß und Bischof 1827

Die
Stahlquelle zu Lamscheid,
auf dem Hundsrück,
im
K. Preuß. Regierungsbezirk Koblenz,
nach ihren
physikalisch-chemischen Eigenschaften, und
nach ihren Heilwirkungen,

beschrieben
von
Dr. Chr. Friedr. Harleß,
und
Dr. Gustav Bischof,
Professoren zu Bonn.

———————

Bonn, 1827.
In Commission bei H. Büschler jun.

Gewidmet ist die Brunnenschrift
Den hochverehrten und um Natur- und Heilkunde hochverdienten Männern:
dem Herrn Professor und Ritter
Dr. P f a f f, in Kiel,
dem Herrn Geheimen Medizinalrath und Professor, Ritter,
Dr. R u d o l p h i, in Berlin,
dem Herrn Geheimrath, Generalstabsarzt u. Prof., Ritter
Dr. R U S T, daselbst,
und dem Herrn Hofrath und Ritter,
Dr. S t r u v e, in Dresden,
mit der innigsten Hochschätzung und Ergebenheit gewidmet
von den Verfassern.

Zu den Widmungen

Vor der Wiedergabe des *Vorworts* zu dieser *Brunnenschrift* sollen die genannten Personen im Zusammenhang mit ihren Arbeiten über Mineralwässer näher vorgestellt werden.

Christoph Heinrich PFAFF (geb. 2. März 1773 in Stuttgart, gest. 23. April 1852 in Kiel) besuchte von 1782 bis 1793 die Stuttgarter Karlsakademie, wo er ab 1790 Medizin studierte. Ab 1793 studierte er in Göttingen, von 1794 bis 1795 arbeitete er in klinischen Instituten in Kopenhagen. Als ärztlicher Begleiter war er mit dem Grafen Friedrich Karl von Reventlow (1755-1828) auf einer Italienreise, bevor er sich für kurze Zeit als Arzt in Heidenheim niederließ. Durch die Vermittlung des Grafen von Reventlow erhielt er 1798 eine zunächst unbezahlte ao. Professor der Medizin an der Universität Kiel. Seine Lehrtätigkeit weitete sich nach und nach aus – so 1799 auf die o. Professur für Physik. Zur Ausbildung in Chemie ging er 1801 nach Paris und 1802 erhielt er in Kiel auch die Professur für Chemie. Ab 1804 war er an der Neuorganisation des Apothekenwesens wesentlich beteiligt. 1824 erschien sein *Handbuch der analytischen Chemie für Chemiker, Staatsärzte, Apotheker, Oekonomen und Bergwerks Kundige* (in 2 Bänden). Auch publizierte er *Ueber die Mineralquellen bei Bramstedt u. über einige andere Mineralquellen im Holsteinischen, nebst einigen Bemerkungen über Mineralquellen im allgemeinen* (Altona 1810).

Karl Asmund RUDOLPHI (geb. 14. Juni 1771 in Stockholm, gest. 29. November 1832 in Berlin) war ein deutscher Naturforscher, Botaniker und Mediziner schwedischer Abstammung. Er besuchte in Stralsund das Sundische Gymnasium im Katharinenkloster und studierte von 1790 bis 1794 Naturwissenschaften und Medizin an der 1456 gegründeten pommerschen Universität Greifswald in damals Schwedisch-Pommern, wo er auch zum Dr. phil. und Dr. med. promovierte. 1797 habilitierte er sich in Greifswald und 1810 wurde er auf Empfehlung von Wilhelm von Humboldt auf den Lehrstuhl für Anatomie und Physiologie an der neu gegründeten Berliner Universität berufen. Er wurde Direktor des anatomisch-zootomischen Museums, das er zu einem angesehenen Forschungsinstitut entwickelte.

Johann Nepomuk RUST (geb. 5. April 1775 auf Schloss Johannisberg zu Jauernig in Mährisch-Schlesien, heute Tschechien, gest. 9. Oktober 1840 auf Gut Kleutsch bei Frankenstein, heute Stadt in der polnischen Woiwodschaft Niederschlesien) war ein preußischer Generalchirurg und Geheimer Obermedizinalrat, Professor und Präsident der königlichen Kuratoriums für die Krankenhausangelegenheiten und Leiter der Charité. Er studierte zunächst Rechtswissenschaften, dann Medizin in Wien bzw. in Prag, wurde 1803 Professor der Chirurgie an der Universität Krakau und 1810 Primärchirurg am Allgemeinen Krankenhaus in Wien. 1816 wurde er in Berlin „Erster Wundarzt".

Friedrich Adolph August STRUVE (geb. 9.5.1781 Neustadt/Sachsen, gest. 29.9.1840 Berlin), Sohn eines Arztes, besuchte ab 1794 die Fürstenschule in Meißen, studierte ab 1799 in Leipzig und Halle Medizin, wo 1802 zum Dr. med. provomierte. 1805 übernahm der die Apotheke seines Vaters, kaufte in Dresden die Salomonis-Apotheke, gab die ärztliche Praxis auf und eröffnete 1818 in Dresden die erste *Mineralwasseranstalt*. Für sein Verfahren zur Herstellung künstlicher Mineralwässer erhielt er 1823 ein preußisches Patent. Er war der Erste, der künstliche Mineralwässer auf der Grundlage der veröffentlichten oder auch eigener Analysen im industriellen Maßstab, nicht nur in Leipzig sondern auch in Berlin, Königsberg, Brighton, Warschau, Moskau und Kiew herstellte und vertrieb. 1824-1826 erschienen von ihm 2 Hefte mit dem Titel „Über die Nachbildung der natürlichen Heilquellen" und 1825 „Über den Gebrauch der natürlichen und küstlichen Mineralwässer von Karlsbad, Ems, Eger, Marienbad, Pyrmont und Spaa".

Das Vorwort der Brunnenschrift

―――――――

Wieder eine Mineralquelle mehr beschrieben, und noch überdieß wieder eine Stahlquelle mehr, zu den so vielen Stahlquellen, die wir schon haben! So mögen vielleicht Mehrere sprechen, wenn sie den Titel dieser Brunnenschrift lesen, welche wir, veranlaßt durch den so gerechten als angelegentliche Wunsch des achtbaren Eigenthümers der L a m s c h e i d e r Stahlquelle, hier den Brunnenfreunden übergeben. Aber diese Lamscheider Quelle ist weder eine neue (wie der 2te Abschnitt zeigen wird), noch eine unbedeutende, welche der Vergessenheit, in die sie durch zufällige Umstände unverdient gerathen war, überlassen werden dürfte. Die Resultate unserer gemeinschaftlichen Untersuchungen, welche wir hier unpartheiisch und ohne alles andere Motiv, als das durch das Interesse der Natur- und Heilkunde gebotene, vorlegen, werden zeigen, daß diese Heilquelle es gar wohl verdient, einer größeren Aufmerksamkeit und Theilnahme gewürdigt zu werden, und daß das Bemühen des Besitzers, ihr wieder ihren alten Ruf zu vindiciren, und sie selbst durch Erweiterung der Benutzungsmittel auf eine höhere Stufe zu bringen, keineswegs vergeblich sey. Uns hat, bei der erkannten Güte und Kraft dieser Quelle, die große Zahl von ähnlichen, zum Theil schon längst berühmten und beliebten, zum Theil noch wenig bekannten, Eisensäuerlingen am Mittel- und Niederrhein, keinen Augenblick abhalten können, die allerdings immer mehr und mehr anwachsende Zahl von Brunnenschriften durch die gegenwärtige zu vermehren.

Die physikalische und chemische Theil dieser Schrift, welchen der d r i t t e A b s c h n i t t enthält, ist von B i s c h o f bearbeitet, die übrigen Anschnitte I., II. und IV. sind von H a r l e ß verfaßt. Jeder der beiden Verfasser übernimmt, wie natürlich, das Seinige zu vertreten, und wenn auch hie und da der Chemiker und der Arzt in ihren Ansichten etwas abzuweichen scheinen sollten, so wird man doch finden, daß beide in dem Interesse, das sie nicht nur an der Quelle, sondern auch an der erwünschten Förderung ihres Nutzens als Heilmittel genommen haben, vollkommen übereinstimmen.

Bonn, den 12. April 1827.

Die Verfasser.

Die Anreise über St. Goar

Über dem Rhein breiten sich noch Nebelschwaden aus, als der Bonner Medizinprofessor Christian Friedrich Harless die Rheinfels-Apotheke in St. Goar zusammen mit dem Apotheker Christian Schütz verlässt, um in einer Mietkutsche in den Vorderhunsrück zu reisen. Wir schreiben den 8. August des Jahres 1826. Die Apotheker Schütz ist erst seit dem 9. Januar 1824 Eigentümer der Apotheke, für die als dritte Apotheke in Hessen ein Apotheker namens Franz Schmoll bereits 1598 die Konzession erhielt. Ihr Ziel ist der Ort Lamscheid, wo sie den dort sehr bekannten Stahlbrunnen aufsuchen wollen.

Der Medizinprofessor aus Bonn hat im Gasthof zur Lilie übernachten wollen, der im *Handbuch für Reisende am Rhein von Schafhausen bis Holland, in die schönsten anliegenden Gegenden und in die dortigen Heilquellen* (von Aloys Schreiber, Heidelberg 1816) als der *beste Gasthof* in St. Goar angegeben worden war. Bereits 1346 wurde das Hotel „Zur Lilie" erstmals urkundlich erwähnt. Und schon damals wären vor allem zahlungskräftige Gäste beherbergt worden. Ein Zimmer kostete in der ersten Hälfte des 19. Jahrhunderts 10 bis 15 Silbergroschen, das Frühstück 6 Silbergroschen. Die Zimmer waren jedoch bereits besetzt und so übernachtete er in dem (in Karl Baedekers späterem Reiseführer ebenfalls genannten) Gasthof *Krone* (noch heute in der Oberstraße 38). Als der älteste Gasthof wirbt jedoch das „Hotel Restaurant zur Post – seit 1245", das auch von A. Schreiber, jedoch nicht von K. Baedeker genannt wird. Es befindet sich gegenüber dem heutigen *Gasthaus Zur Krone* (unmittelbar am Bahnhof).

Nach der langen Anreise aus Bonn hatte sich Harless am Abend noch in St. Goar umgesehen. Zwei Jahre später, 1828, erschien der erste Rheinreiseführer *Rheinreise von Mainz bis Cöln, (Historisch, topographisch, malerisch) Handbuch für Schnellreisende* des Professors und Historikers J. A. Klein im Verlag von Franz Friedrich Röhling (1796-1846), den Karl Baedeker (1801-1859) 1832 übernehmen sollte. Baedeker ließ 1835 die von ihm überarbeitete und erweiterte Ausgabe erscheinen, welche die Reihe der Rheinreise-Baedeker begründet. Damit revolutionierte Baedeker die Reiseliteratur, denn mit seinen informativen, handlichen, einheitlich im charakteristischen roten Einband gebundenen Reiseführern machte er den Benutzer von Fremdenführern unabhängig. Harless musste sich noch vor Ort nach den Sehenswürdigkeiten erkundigen. Und er erhielt durch Nachfragen die Informationen, die später im „Baedeker" gedruckt waren – hier zitiert nach der 7. Auflage 1852:

„**St. Goar** (...) entstand durch Anbau um die Capelle des h. G o a r, eines frommen Mönchs, der zur Zeit Siegberts, Königs von Austrasien (570), hier das Evangelium predigte, und von dem gläubigen Schiffer vor Zeiten als Retter in Schiffsnoth angerufen wurde. St. Goar war bis 1794 Hauptort der kurhessischen niedern Grafschaft Katzenelnbogen (...) und hat heute noch von allen kleinen Rheinstädten das stattlichste Aeußere, gehoben durch die großartigen Trümmer der Festung Rheinfels, deren verlassene Gebäude, einzeln noch erhalten, sich vom Flußufer den Berg hinan ziehen. Die e v a n g e l i s c h e K i r c h e, um 1468 ausgebaut (...), erhebt sich auf der Stelle einer abgebrannten über dem Grabgewölbe oder der Crypta, in welcher ehemals die Gebeine des h. Goar geruht haben, und enthält einige merkwürdige Denkmäler hessischer Fürsten. An der Altarplatte fehlt ein Stückchen, welches G u s t a v A d o l p h im J. 1632 im Zorn über die durch die Spanier verübten Verwüstungen mit dem Schwert ausgehauen haben soll. Die Crypta an der Ostseite dient jetzt zur Aufbewahrung der städtischen Löschgeräthschaften. Die k a t h o l i s c h e K i r c h e, mit dem Bild des frommen Einsiedlers in antiker Steinarbeit und der Ueberschrift *S. Goar Monachus obiit 611* war nebst dem Pfarrgebäude vormals Eigenthum eines Jesuiten-Collegiums. Die Benedictinerabtei, späterhin Waarenniederlage, ging 1624 ein. Auch die Tempelherren hatten eine Commende hier; der Name Tempelhof oder Tempelplatz besteht noch, und ein Tempelzins wurde bis ins vorige Jahrhundert erhoben."

Die *evangelische Stiftskirche* befindet sich am Marktplatz in unmittelbarer Nähe zum Gasthaus Krone. In der „Stadtinformation" ist zu lesen, dass sie bis zur Reformation ein bevorzugter Wallfahrtsort zum Grab des Hl. Goar war. „Das Innere der Kirche zieren spätgotische Wandmalereien und Netzgewölbe, eine sehenswerte Pfeilerkanzel und drei hervorragende Grabdenkmäler. Die dreischiffige, romanische Krypta aus dem 11./12. Jhd. gilt als schönste zwischen Köln und Speyer."
Ein kulturhistorischer Stadtrundgang – *Via Sancti Goaris* – mit 36 Informationstafeln zur Stadtgeschichte beginnt hier am Marktplatz.

Die Stadt wird durch die beiden Hauptstraßen – *Oberstraße* und *Heerstraße* gegliedert, die durch kleine Gassen verbunden sind.

Beginnen wir unseren Rundgang am *Gasthaus zur Krone* in der Oberstraße 38, so sehen wir direkt daneben das älteste Haus von St. Goar.

Eine Informationstafel an diesem Gebäude informiert auch über das Gasthaus zur Krone:
„In die gleiche Zeit des 1 ist die 6. Jahrhunderts [wie das Haus Nr. 168 „Alt-Jerusalem" – ehemals Armenhaus Herberge] datiert das Gebäude des Gasthauses ‚Zur Krone'. Wie viele andere Fachwerkhäuser war auch dieses Haus zeitweise verputzt, da Fachwerk lange Zeit als unmodern galt. Mit der Rückbesinnung auf die historischen Werte erfolgte auch hier ein Umdenken und eine Freilegung des Fachwerkes, welches das Alter und die Geschichte des historischen Gebäudes wieder deutlich in Erscheinung treten lässt."

Gehen wir weiter abwärts, so stoßen wir danach auf die *Apothekengasse*, an dessen Ende sich das ehemalige Gebäude der *Apotheke* an der Heerstraße.

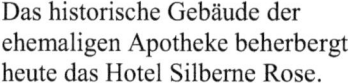

Die *Rheinfels-Apotheke*, die sich später in der Heerstraße 91 befand, gibt es im August 2013 nicht mehr.

Das historische Gebäude der ehemaligen Apotheke beherbergt heute das Hotel Silberne Rose.

Folgen wir nun der Heerstraße in Richtung der Fußgängerzone, so kommen wir dort am letzten Standort der Rheinfels Apotheke, Heerstraße 91, vorbei (die einzige Apotheke von St. Goar, die Goar Apotheke befindet sich im Haus Heerstraße 101, die Tourist-Information in der Heerstraße 86). Am Ende der Heerstraße kommen wir zur *katholischen Pfarrkirche*.

„Die katholische Pfarrkirche enthält ein Goar-Epitaph (14. Jhd.), das einst in der Krypta der Stiftskirche als Deckplatte des Hochgrabes des hl. Goar diente. Ein gotischer Triptychon (um 1470) aus der Schule des Hausbuchmeisters ist Zentrum des wertvollen Hochaltars. Am Glockenturm ist die älteste Goar-

Darstellung, ein ehemaliger Gewölbeschlussstein der Stiftskirche, angebracht."

1527 wurde in St. Goar die Reformation eingeführt. Dadurch verlor die katholische Gemeinde ihre Kirche, die Stiftskirche. Erst 1652, unter Landgraf Ernst aus der Seitenlinie Hessen-Rotenburg, der zum katholischen Glauben übertrat, konnten die Katholiken die Krypta der Stiftskirche für Gottesdienste nutzen. 1654 wurde auf Drängen Kaiser Ferdinands III. mit dem Bau eines Gotteshauses außerhalb der Stadtmauern begonnen. Nach der Grundsteinlegung jedoch verhinderte die Kasseler Regierung einen Weiterbau, da nach deren Meinung die Grundmauern über das vorgeschriebene Maß hinausgingen, da nur eine Kapelle und keine Kirche genehmigt worden sei. Der Streit wurde durch einen Schiedsspruch des Kaisers entschieden, so dass neue katholische Kirche 1660 geweiht werden konnte. Als die im Stil des Barocks erbaute Kirche im 19. Jahrhundert zu klein wurde, riss man sie ab und erbaute 1889 bis 1891 die jetzige neugotische Basilika. Der ehemalige Wehrturm der Stadtmauer wurde als Glockenturm in den Bau einbezogen und durch einen

Zwischenbau mit der Kirche verbunden. Am Weg vor der Kirche steht eine Skulptur des Heiligen Goar.

BAEDEKER:
„Ein alter Brauch in St. Goar, angeblich aus K a r l s d e s G r o ß e n Zeiten stammend, das sogenannte H ä n s e l n, hat sich bis zum Beginn der Dampfschifffahrt (1827) erhalten. Jeder Reisende, der zum erstenmal nach St. Goar kam, wurde von seinen Gefährten an das früher am Zollhaus befestigte messingene Halsband geführt und angeschlossen. Er konnte sich nur durch die Wasser- oder Weintaufe erlösen. Wählte er die erstere, so wurde ihm ein Eimer Wasser über den Kopf gegossen, im andern Fall mußte er einen mit Wein gefüllten Becher auf das Wohl des Kaisers, des Landesherrn und der Gesellschaft leeren. Dann wurden ihm die Gesetze des lustigen Ordens vorgelesen, eine vergoldete Krone ward ihm aufgesetzt und er mit ‚der Fischerei auf der Lurlei [Felsen Loreley] und der Jagd auf der Bank [Sandbank im Rhein] belehnt. Zuletzt mußte er einen Armenbeitrag geben und sich in das Hänselbuch eintragen. Krone und Becher nebst den alten Hänselbüchern (von 1713 an) besitzt Hr. L i n k, Gastwirth zur Lilie."

Gegenüber von der katholischen Pfarrkirche befindet sich das Rathaus. Von hier fährt auch der *Burgexpress* zur *Burg Rheinfels*. Professor HARLESS wird nach seinem ersten Besuch am Sauerbrunnen in Lamscheid auch die damalige Burgruine besuchen.

Zur Biographie von Christian Friedrich HARLESS

Christian Friedrich HARLESS (Porträt aus dem Archiv der Universität Bonn)

Johann Christian Friedrich Harless (der sich auch Harleß schrieb) ist an der jungen Bonner Universität, der preußischen Rhein-Universität, für die vom neuen Landesherrn König Friedrich Wilhelm III. – nach langem Tauziehen um den Standort, konfessionell und politisch belastet – am 18. Oktober 1818 die Stiftungsurkunde ausgestellt worden war, Professor der Pathologie und Therapie. Er bekam bereits im Gründungsjahr den Ruf nach Bonn. Er wurde am 11. Juli 1773 in Erlangen als Sohn des Professors der Philosophie und Direktor der Universitätsbibliothek sowie des philologischen Seminars, des Literaturhistorikers Gottlieb Christoph Harleß (1738-1815), geboren. In seiner Biographie wird besonders hervorgehoben, dass er eine *ausgezeichnete philologische und historische Bildung*

erhielt, *die sich in seinen späteren wissenschaftlichen Arbeiten nachwirkte. In Erlangen 1793 zum doctor philosophiae, 1794 zum doctor medicinae promoviert, ging er anschließend zu einem kurzen Studienaufenthalt nach Wien und wurde noch im gleichen Jahr – nach erfolgter Habilitation – zum Extraordinarius ernannt.* In Erlangen betrieb er eine ausgedehnte ärztliche Praxis und begann sich auch literarisch zu betätigen. Zunächst lehnte er Berufungen nach München, Wien, Heidelberg und 1814 sogar nach Berlin ab. Daraufhin wurde er Ordinarius und Mitdirektor der Medizinischen Klinik in Erlangen. Den Ruf an die neugegründete Bonner Universität 1818 jedoch nahm er an. Offensichtlich lockte ihn die Aufgabe, einen medizinischen Studienplan sowie die Organisation der klinischen Anstalten zu entwickeln. In seiner Lehrtätigkeit beschränkte er sich nach der Berufung von Christian Friedrich Nasse (1778-1851) als Kliniker ab 1819 auf theoretische Vorlesungen, auf eine umfangreiche ärztliche Praxis – und auf literarische Arbeiten zum Beispiel zur Geschichte der Medizin.
In einer 1857 erschienenen „biographische Skizze" zu „Christian Friedrich Harless, weiland Königl. Preuß. Geh. Hofrath und ord. Professor der Medicin an der Rheinischen Friedrich-Wilhelms-Universität zu Bonn" (gest. 1853) ist u.a. zum Wechsel von Erlangen nach Bonn zu lesen (in einem nach unserem Empfinden weitschweifigen und teilweise schwülstigen Stil der damaligen Zeit):
„Nur wenige Jahre jedoch sollte Harleß der heimathlichen Hochschule in einem weiteren Wirkungskreise angehören; den nachdem er im August 1817 auf einer Reise in Karlsbad von dem dort anwesenden preußischen Staatskanzler Fürsten v. Hardenberg mit zuvorkommender Huld zum Uebertritt in den Preußischen Staatsdienst aufgefordert worden war, erhielt er noch im Oktober desselben Jahres von Berlin aus die förmliche Berufung als ordentlicher Lehrer der Pathologie und Therapie an der zu begründenden Rheinuniversität, deren Sitz damals noch nicht bestimmt war. Ungern entließ die baierische Regierung den tüchtigen und beliebten Docenten; auch für ihn selbst war der Abschied von der Vaterstadt, an die ihn so manche Bande des Blutes und der Freundschaft knüpfen, nicht

leicht. Sobald ihm indessen Bonn als der, zur Universität ausersehene Ort bezeichnet, trat er die damals noch sehr umständliche Reise dahin an. Und so finden wir ihn im Mai 1818, dem erhaltenenen höheren Auftrage gemäß, dort mit der vorläufigen Organisation der klinischen Anstalten und den nothwendigsten Vorbereitungen zur Feststellung eines medicinischen Studienplanes beschäftigt. Wie sehr im diese Aufgabe am Herzen lag, davon zeugt eine in seinem Nachlasse vorgefundene, sehr gründliche Denkschrift. Als nun König Friedrich Wilhelm III. am 18. Oktober zu Aachen die Stiftungurkunde der neuen Hochschule vollzogen, war Harleß einer der Ersten, welche die Vorlesungen an derselben begannen. Während des ersten Jahres Director der medicinischen Poliklinik, beschränkte er sich später, als sein aus Halle berufener, ihm bald innig befreundeter College N a s s s e dieselbe übernommen, in seiner amtliche Thätigkeit ganz auf die von ihm mit vieler Liebe und dem ausdauernden Fleiße gepflegten Vorlesungen. Es waren vorzugsweise Vorlesungen über Pathologie und Therapie, Arzneimittellehre, medicinische Polizei, Geschichte der Medicin und Diätetik, Heilquellen- und Bäderlehre, denen er auch in dieser zweiten Periode seiner akademischen Wirksamkeit beinahe fünfunddreißig Jahre hindurch, wie zum Theile schon in Erlangen, seine Kräfte widmete, nicht ohne dankbarste Anerkennung von Seiten seiner zahlreicher Schüler, unter denen nicht wenige ihm näher befreundet blieben."

Über seine Persönlichkeit finden wir in dieser biographischen Skizze folgende Beschreibung:

„Seine freundliche und liebenswürdige Erscheinung wird Vielen eine angenehme Erinnerung sein. Von mittlerer Statur, bewahrte er bis in das späteste Alter eine gerade und kräftige Haltung. Augen und Mund waren sprechende Zeichen seiner Herzensgüte. Seine hohe Stirn verrieth bedeutende geistige Fähigkeiten, die er mit unablässigem Fleiße übte und schärfte. Er arbeitete ungewöhnlich rasch und anhaltend. Ganz besonders

kam ihm dabei der Besitz eines außerordentlichen Gedächtnisses zu Statten, mit dessen Hülfe er einen bewunderungswürdigen Reichthum von Kenntnissen aus den verschiedensten Gebieten des Wissens sammelte und festhielt. Die Gabe der Rede fehlte ihm nicht; er sprach gern, deutlich und mit klangvoller Stimme..."

Über seine wissenschaftlichen Arbeiten ist u.a. zu lesen:

„Die Richtung, welcher Harleß in der medicinischen Wissenschaft angehörte, prägt sich in seinen zahlreichen Schriften auf das entschiedenste aus. Gegenüber der neusten exacten, theils auf physiologisch-anatomische, theils auf physikalisch-chemische Grundlagen basirten Forschung kann man diese Richtung füglich eine historisch-empirische nennen. Der Zug zum Geschichtlichen, der, wie es scheint, der neuesten Medicin etwas fremd geworden ist, geht mehr oder weniger durch alles, was Harleß geschrieben hat: seine akademischen Vorträge, unter denen ihm vorzüglich die Geschichte der Medicin am Herzen lag, haben in dieser Hinsicht gleichfalls die sprechendsten Belege geliefert. Ausgezeichnet durch eine gelehrte und umfassende Kenntniß des Entwicklungsganges der Heilkunde, sowohl im Ganzen und Großen, als der detaillirtesten Verhältnisse einzelner Ansichten und Richtungen, wie sie zu allen Zeiten nur Wenigen eigen sein dürfte, bewegte er sich auf diesem Gebiete mit unbestrittener Virtuosität und hat schon darum eine ehrenvolle Stelle in der Litteratur verdient. Es ist somit nicht genug zu bedauern, daß er der Nachwelt nicht das Werk hinterlassen hat, wozu er vor Vielen befähigt gewesen wäre: nämlich eine Geschichte der Medicin. Leider ist ein Collegienheft über Geschichte der Medicin, welches er als junger Docent bereits im Jahre 1795 begonnen, verloren gegangen..."

Und über seine Arbeiten über Heilwässer heißt es:

„Nächst den eigentlichen historischen verdienen unseres Harleß b a l n e o– l o g i s c h e Arbeiten besondere Berücksichtigung. Außer einer Reihe, zum Theil sehr ausführlicher Monographien, welche die Heilquellen zu Teplitz, Geilnau, Bertrich, **Lamscheid** [Hervorhebung vom Autor G.S.]*, das Habsburger Bad und die niederrheinischen Gesundbrunnen im Allgemeinen behandeln, sowie einer Schrift über die Natur- und Bildungsgeschichte der muriatischen Wasser im Allgemeinen (1845) ist hier vornehmlich auf das größere, bei Nauck in Berlin 1846 erschienene Heilquellenwerk hinzuweisen, deren erster Band die Heilquellen Griechenlands und eines Theils von Asien und Afrika betrifft, während der zweite ganz den italiänischen Bädern und Heilquellen gewidmet ist. Leider sollte auch dieses Werk, dessen folgende Theile die Heilquellen der germanischen und romanischen Ländern umfassen sollte, unvollendet bleiben…"*

Anhand dieser „zeitgenössischen" Informationen über die Person und das Wirken von HARLESS ist es verständlich, dass er sich auch vor dem Besuch in St. Goar bzw. vor seiner Reise mit dem Apotheker Schütz nach Lamscheid intensiv mit der Geschichte dieses Brunnens beschäftigte.

Die beiden Herren erwartet eine Reise steil bergan in den Hunsrück in der Mietkutsche von etwa drei Stunden – Zeit genug um den interessierten Apotheker über die Geschichte des Brunnens zu informieren. Und so beginnt Harleß anhand seiner Aufzeichnungen, die er später veröffentlichen wird, zu berichten.

Zur Geschichte des Brunnens.

*Der Gebrauch der Lamscheider Quelle, oder wie sie ehemals durchgängig hieß, der Leininger, ist schon sehr alt, ohne daß sich mit historischer Gewißheit sagen läßt, in welche Zeit die Entdeckung desselben gefallen sey. Gewiß ist es aber, daß dieses Wasser als Heiltrank und ohne Zweifel auch als Erfrischungstrunk für die Gesunden, unter dem Landvolk der dortigen Gegend, so wie unter den Einwohner der naheliegenden Städtchen schon wenigstens in der Mitte des 16. Jahrhunderts, wahrscheinlich aber noch etwas früher, bekannt war. Denn schon der geschäzte Günther [Johann Winter] von Andernach, erst Trierer Leibarzt, später Professor zu Paris, rühmt in seinem im J. **1565**. zu Straßburg herausgegebenen (jetzt seltenen):* Commentarius de balneis et aquis medicatis ect. *den Sauerbrunnen bei Leiningen, >unweit Simmern auf dem Hundsrück<, den er zugleich mit dem Birkenfelder Brunnen im Eberswald (den Schwollener) ganz kurz beschreibt, jenen aber noch mächtiger (*amplior*) und stechender (*acrior*, von Kohlensäure) nennt. Er rühmt den einen wie den andern gegen Magen- und Leberbeschwerden mit vermehrter Hitze, gegen Milzverstopfung, und Nierensteine, und fügt hinzu: sie könnten auch sehr nützlich als Bäder gegen alle Hautkrankheiten, sowohl schwürige, als krätzartige, angewendet werden, wenn sie nur den Aerzten und den Kranken besser bekannt wären. (Also müssen wenigstens Letztere zu seiner Zeit noch wenig Gebrauch von dem Brunnen gemacht haben.)*

An dieser Stelle wird HARLESS in seinem Bericht von dem Apotheker SCHÜTZ unterbrochen, der um einige Erklärungen bittet – er möchte weitere Einzelheiten über den berühmten Arzt Günther von Andernach erfahren und auch über den *Schwollener Brunnen*.

Als Johann *Winter* von Andernach (1505-1574) ging der Arzt und Humanist in die Medizingeschichte ein. Er wurde 1505 als Sohn eines Wollwebers und Schneiders in Andernach am Rhein geboren und latinisierte seinen Namen später in *Guinterius*, wobei Gu als Gw gesprochen wird, da das lateinische Alphabet den Buchstaben W nicht kennt (vergleiche: *sanguis* = Blut, gesprochen sangwis). Er studierte zunächst Sprachen in Utrecht und Loewen, ab 1525 in Paris, wo er im März 1528 das Bakkalaureat der medizinischen Fakultät erwarb, 1530 auch den Titel eines Magisters. 1532 promovierte er zum Doktor der Medizin und lehrte anschließend an den Universitäten in Paris und Straßburg. Sein Werk über die Heilbäder und Sauerbrunnen in Deutschland und Italien in lateinischer Sprache – als *Commentarius* – ist in Form eines Dialogs zwischen Lehrer und Schüler gibt einen Überblick über die Geogonese der Mineralquellen, vermittelt Ratschläge zur Anwendung von Bädern und vor allem berichtet er über einzelnen Trinkbrunnen, deren nach dem Wissen seiner Zeit bekannte Inhaltsstoffe und Wirkungen er beschreibt.

[Im Jahre 1989 wurde dieses Werk wie folgt charakterisiert – von Suzanne Wust: „Das Material für das Buch von 206 Seiten im Oktavformat mit Vorwort und Index konnte Winter teilweise auf verschiedenen Reisen zusammentragen. Er nennt die damals in Deutschland und Italien bekannten Mineralwasserquellen und schildert die Verabreichungsweise der Heilwasser sowie die chemische Zusammensetzung der künstlichen Wasser, die nach seiner Auffassung die natürlichen Wasser ersetzen sollten…" (!)]

Bald darauf (im J. 1583) beschrieb auch der bekannte Theodor von Bergzabern (Tabernaemontanus), ein jüngerer Zeitgenosse Günthers, in seiner allgemeinen Brunnenschrift, die als solche für ihr Zeitalter immer einen gewissen Werth behält: Neu Wasserschatz, d.i. von allen heilsamen metallischen und minerischen Bädern und Wassern, (die Vorrede ist von 1584, das Buch erschien aber erst 1593 zu Frankfurt) >den guten und fürtrefflichen Leuninger (sic) Sauerbrunnen, bei dem Flecken Leuningen, eine Meil Weges von der Stadt Simmern.< Er vergleicht ihn abermals mit dem Birkenfelder (Schwollener), vor welchem er jedoch, zum innerlichen Gebrauch, noch den Vorzug und das Primat behaupte. Es sey zudem im

Geschmack lieblicher, und anmuthiger zu trinken. Es sey sehr falsch, was Etliche meinten, daß der Leininger und der Birkenfelder Brunnen eine gleich minerische Mischung haben; der Geschmack lehre das Gegentheil. Ersterer habe mehr Brunnengeist (geistliche Subtilitäten, in der Sprache des mehr wort- als geistreichen Theodors), und unter seinen minerischen Bestandtheilen, dem Salniter (so hieß damals fast jedes auflösbare Mittelsalz ausser dem Kochsalz und den erdigten Salzen), Eisen, Vitriol und Kieß (soll heißen Kieselerde, begriff aber auch jeden im Wasser unlöslichen Rückstand des eingekochten Wassers, außer dem Eisen) habe das Eisen den Vorzug. Im Uebrigen habe der Leininger Brunnen gleiche Kraft und Wirkung mit dem Schwalerbrunnen (soll wohl heißen Schwalheimer, einem guten und angenehmen, aber an Eisengehalt viel schwächeren Säuerling, in der Wetterau), bei Nastetten im Hessischen (ist falsch). Wir überheben uns aber gerne, Alles das, was Tabernämontanus in seiner redseligen Manier, und als ein nur zu oft übertreibender Lobhudler, von den vielen Tugenden dieses Wassers gegen eine Menge von Krankheiten rühmt, hier zu wiederholen, da es doch in dieser grobempirischen und prüfungslosen Darstellung keinen Werth hat. Günthers Autorität ist wenigstens hier noch immer bedeutender, als die des geschwätzigen und abergläubischen Theodors. Zuletzt wiederholt dieser nochmals, daß der Leininger Brunnen dem Birkenfelder vorzuziehen sey, und meint, es könne jener Brunnen von Jedermann, Alt und Jung, ohne einigen Nachtheil zu jeder Zeit, auch blos um den Durst zu löschen, getrunken werden. –

Bei den von Tabernaemontanus genannten Brunnen könnte es sich – im Gegensatz zur Meinung von HARLESS – um den Brunnen in *Schwalbach* (Landkreis Wetzlar) mit 5 mg/l an Eisen sowie in *Nastätten* (im westlichen Hintertaunus) gehandelt haben.

Der Brunnen erhielt hierauf immer mehr Ruf, und eine solche Beliebtheit unter den Bewohnern der Umgegend in weitem Kreise, – unter welchen er nur mit dem Namen des Sauerbrunnen ohne alle Beisatz bezeichnet wurde, unter welchem Namen er auch jetzt noch auf dem ganzen nördlichen und westlichen Hundsrück bekannt ist – daß es bald, und schon im 17ten Jahrhundert, auch in entfernteren Gegenden diese Gebirgslandes verfahren wurde. – Damals und noch bis gegen die Mitte des 30jährigen Krieges lag ganz nahe an dem Brunnen der Marktflecken Leiningen, weit größer und bedeutender, als das jetzige kleine Dorf dieses Namens, welches zum Theil auf der Stelle dieses Fleckens erbaut ist. Daß jener Marktflecken nicht unbeträchtlich gewesen seyn könne, läßt sich schon daraus abnehmen, daß er Hauptort der damaligen Grafschaft Leiningen mit einem Residenzschloß gewesen war. Seine so nahe Lage am Brunnen konnte diesem und der Versendung des Wassers nur vortheilhaft seyn, und vermutlich ward von diesem Flecken aus das Brunnengeschäft und der Versendung betrieben. Allein im Laufe des 30jährigen Krieges wurde dieser blühende Flecken sammt den umliegenden Ortschaften von den feindlichen Truppen gänzlich zerstört, und von diesem Zeitpunkt an kam auch der mit ruinirte Sauerbrunnen gänzlich in Verfall; ja es scheint selbst die ehemalige (vermuthlich nur von Holz gewesen) Fassung völlig zerstört worden zu seyn, und der Brunnen viele Jahre unter Trümmern und wildem Gesträuch vergraben gelegen zu haben, wie wir aus der (sogleich anzuzeigenden) kleinen Schrift über diesen Brunnen von 1786 abnehmen. Doch erhielt sich wenigstens in der gräulich verwüsteten Umgegend die Erinnerung an das, was diese Quelle sonst geleistet hatte, und als nach langer Zwischenzeit mit dem wieder hergestellen Frieden dieser Landstrich wieder angebauet und bevölkert geworden war, als sich auf den Brandstätten Leiningens und der übrigen Ortschaften, bis nahe an den Rhein und der Mosel neu Dörfer erhoben, da sammelten sich auch bald wieder um die in etwas aufgeräumte Quelle, die jedoch wie es der angeführten Schrift scheint, nicht einmal eingefaßt worden war, sondern nur aus den einzelnen in das Land verlaufenden Sprüngen geschöpft wurde, zahlreiche Trinkgäste, und der Brunnen wurde bald wieder wie vormals, der allgemeine Haus- und Labetrank des Leininger Bezirkes und der angrenzenden Nachbarn.

Eine neue Periode, und die glänzendste, begann für die Geschichte des Lamscheider Brunnens, zu Anfang der achtziger Jahre des vorigen Jahrhunderts unter der Regierung der verwitweten Reichsgräfin Maria Anna von der Leyen und zu Hohen Geroldseck, welche sich dieser Quelle für ihre eigenen kränklichen Gesundheitsumstände mit dem heilsamsten Erfolg bedient hatte. Aus Dankbarkeit, und um diesen nun so lange schon so verwahrloset gewesenen Gesundbrunnen wieder verdiente Anerkenntniß zu verschaffen, ließ sie denselben mit beträchtlichem Kostenaufwand ganz neu herstellen und gab ihm die steinerne Fassung, die er jetzt noch hat. Sie ließ neben ihm ein Haus zum Logieren für die Kurgäste und für die Wirthschaft bauen – dasselbe, was jetzt Herr D. Avis besitzt, und noch andere kleinere Gebäulichkeiten zur Oekonomie und Bequemlichkeiten aufführen, bequemere Wege nach den nächstliegenden Dörfern anlegen, und gab dem Brunnen nunmehr nach dem neuerbauten Dorfe Lamscheid seinen jetzigen Namen. Sie sorgte selbst dafür, daß das Wasser sowohl an der Quelle, als in Strasburg und Paris, wohin sie es sandte, von Kunstverständigen chemisch untersucht wurde. Die erste sogenannte Analyse an der Quelle selbst unternahm 1783 oder 1784 der damalige Kurpfälzische Oberamtsphysikus Dr. Wanzel zu Simmern, welcher, dem Vermuthen nach in Gemeinschaft mit dem auch als praktischen Gewährsmann der Heilkräfte des L(eininger) Br(unnens) aufgeführten Dr. Ratzen, damaligem Physikus zu St. Goar, der Verfasser der kleinen, im J. 1786. anonym (vermuthlich ebenfalls auf Veranlassung der Frau Gräfin von der Leyen) herausgegebenen Brunnenschrift: Kurze physisch-chemische Anzeige des Lamscheider, sonst Leininger, Mineral- und Kurwassers, Frankfurt und Lpz. 1786., mit einer schlechten und im Prospekt sehr verfehlten Abbildung des Brunnens und der Umgegend, gewesen seyn mag. In dieser an sich durchaus unbedeutenden, weder in chemischer noch ärztlicher Beziehung einigen Werth habenden, und in ihrer obsoleten Schreibart an das 17te Jahrhundert erinnernden Schrift werden als Bestandtheile der L. Quelle >die allerfeinste Magnesia-Selenit- oder Bittersalzerde, ohne einige Spur von Kalkerde, ferner wirklich reine und bis zur Stahlfeile gediegene Eisentheilchen, und seifenartige Bittersalztheilchen, und vielleicht noch andere durch wiederholte Versuche erst näher zu bestimmende Heiltheilchen, welche sämmtlich nicht, wie anders gewöhnlich, in Vitriol als Salzsäure, sondern lediglich in flüchtiger Luftsäure gleichsam ätherisch aufgelößt seyn, und mit einem solchen Reichthum an letzterer, daß 10 Kubikzolle Wassers eben so viel und mehr von Luftsäure enthalten< angegeben. Die Analyse dieses Wassers, welche der berühmte *La Sage* zu Paris vornahm, sagte (nach derselben Schrift) aus, daß dasselbe mit dem Spaawasser am nächsten überein käme, daß es aber vor demselben Glaubersalz bei sich führe. Und der Bergrath und Professor Hecht zu Straßburg, der das Lamscheider W. gleichfalls in besonderer Vergleichung mit dem Spaawasser untersuchte, macht nicht nur die Bemerkung, daß das Spaawasser zwar im Gehalt seiner feuerbeständigen Bestandtheile reicher sey, und namentlich ein Drittel Kochsalz mehr enthalte, daß hingegen das Lamscheider Wasser mehr als noch einmal soviel freie Luftsäure in sich besitze, sondern entdeckte in diesem letztern auch freies luftsaures Laugensalz, und wollte es durch diese >den andern bis jetzt entdeckten Mineralwassern nit gewöhnliche Eigenschaft!< als das einzige in seiner Art betrachtet wissen. Es bedarf nicht unserer Erinnerung, daß diese analytischen Versuche (und zwar nur die beiden letztgenannten als die bessern, da die zuerst genannte des Arztes von Simmern gar nicht in Betracht kommen kann) selbst für jene Zeit, wo wir doch schon von mehreren andern Mineralquellen durch einen Bergmann, Westrumb, Klaproth etc. weit bessere und vollständigere Analyse besaßen, nur als sehr unvollkommen und oberflächlich gelten konnte, und daß sie sogar in ihren Folgerungen offenbare Irrthümer enthielten, wohin – wie der folgende Abschnitt näher zeigen wird – nicht nur die von *Le Sage* und von *Hecht* angegebenen Verhältnisse des Glauber- und des Kochsalzes dieses Wassers, zu diesen Salzen im Spaawasser – dessen Aehnlichkeit mit dem Lamscheiter in mehreren Beziehungen allerdings anzuerkennen ist, – sondern nochmehr die seltsame Behauptung Hechts von dem exclusiven Vorkommen des Laugensalzes im Lamscheider Wasser gehören. Immer bleibt es doch bemerkenswerth, daß *Lesage* schon das Glaubersalz im L. Wasser fand, welches nach der neuern Funke'schen Analyse nicht in ihm vorhanden seyn sollte, und welches jetzt Bischof durch seine nachher folgende Analyse als unzweifelhaft, wenn schon nur in sehr geringer Quantität, in diesem Wasser vorhanden, nachweiset.

Zu diesem Abschnitt müssen für die Leser im 21. Jahrhundert (und wohl auch dem Apotheker Schütz in der Mietkutsche auf dem Weg nach Lamscheid) Angaben zu den genannten Personen und auch von Fachbegriffen näher erläutert werden.

Zu den genannten Personen:

Die *Reichsgräfin Maria Anna von der Leyen und zu Hohen Geroldseck* wurde am 21. März 1745 in Mainz als Maria Anna Helene Josephina Freiin von Dalberg geboren. Ihr Vater war Cämmerer von Worms Franz Heinrich Freiherr von und zu Dalberg (1716-1776), Burggraf zu Friedberg, Statthalter zu Worms und Oberamtmann zu Oppenheim, ihre Mutter Maria Sophie Anna war eine geborene Freiin von Eltz-Kempenich (1722-1763). 1764 lebte Anna Maria bei ihrer Tante, der Äbtissin Antoinette von Eltz-Kempenich in Münster-Bilsen (Provinz Limburg/Belgien). Bei einem Aufenthalt in Frankfurt am Main anlässlich der Kaiserwahl Josephs II. 1765 begegnete sie Franz Carl von der Leyen. Noch im selben Jahr fand die Heirat mit ihm statt. Bereits 1775 starb ihr Ehemann und Maria Anna übernahm die Regentschaft in Blieskastel (heute Saarpfalz-Kreis/Saarland, 25 km östlich von Saarbrücken), im Westrich (geografische Region in Südwestdeutschland und im nordöstlichen Frankreich – westliche Pfalz, östliches und südliches Saarland, östliches Lothringen) und in der Grafschaft Hohengeroldseck (Baden – Burg im Schwarzwald, Seelbach) für ihren minderjährigen Sohn Philipp Franz Wilhelm Ignaz Graf von der Leyen und zu Hohengeroldseck (1766-1829 – regierte ab 1790 selbstständig). Bekannt ist, dass die Gräfin die Kohlefeuerung (aufgrund der Vorkommen in ihren Besitztümern) sowie den Bau von Glas- und Alaunhütten förderte. 1787 hob sie die Leibeigenschaft auf, von 1780 bis 1788 ließ sie die drei Niederwürzbacher Schlösser (Barockensemble: Annahof, Monplaisir und Philippsburg – Blieskastel, um den Würzbacher Weiher gruppiert) erbauen. 1790 bis 1791 folgte der Bau des Salinenschlösschens Annahalle in Rilchingen/Saar (dort heute Solequellen und Thermalbad Saarland-Therme). Vor den französischen Revolutionstruppen floh sie in Bauernkleidern 1793 nach Frankfurt am Main, wo sie am 10. Juli 1804 starb.

BERGMANN – WESTRUMB – KLAPROTH als Analytiker

T. O. Bergmann

Torbern Olaf BERGMAN (1735-1784) wrikte von 1767 bis 1780 an der Universität Uppsala als Professor für Chemie. Er zählt zu den bedeutendsten Analytikern des 18. Jahrhunderts. 1774 erkannte er bei der Analysen der „fixen Luft" (des Kohlendioxids), dass Kohlensäure (das Gas in Wasser gelöst) eine schwache Säure ist. Im „Lexikon bedeutender Chemiker" (Leipzig 1988) wird er u.a. wie folgt gewürdigt: *„B. unterschied 2 verschiedene Arten der Wasseranalyse, die fraktionierte Kristallisation und die Anwendung von Reagenzlösungen. (...) Seine zahlreichen Veröffentlichungen in den Denkschriften der Schwedischen Akad. der Wiss. bieten ein breites Spektrum der Ergebnisse von Mineralwasseranalysen sowie Mineralwasseruntersuchungen..."*

Johann Friedrich WESTRUMB (1751-1819) trat bereits mit 13 Jahren in die Königliche Hofapotheke in Hannover als Lehrling ein, in welcher der später berühmte Chemiker und Professor in Berlin Martin Heinrich *Klaproth* von 1766 bis 1768 als Provisor wirkte. Ab 1770 begab sich WESTRUMB auf Wanderschaft und war in Apotheken in Peine, Postdam und Frankfurt an der Oder tätig. 1773 kam er wieder nach Hannover. 1778 bewarb er sich um die Hamelner Raths-Apotheke, als hier nach dem plötzlichen Tod des damaligen Pächters Heinrich Daniel Athenstedt ein neuer Pächter gesucht wurde. Am 24. August 1779 hinterlegte WESTRUMB 900 Taler Kaution, zog nach Hameln und heiratete die Witwe Athenstedt. Als Raths-Apotheker arbeitete er auch im Laboratorium. Eines seiner Spezialgebiete wurde die Mineralwasseranalytik – er untersuchte u.a. die Quellen von Pyrmont, Driburg, Rehburg, Eilsen, Selters, Lüneburg und Northeim.

Martin Heinrich KLAPROTH (1743-1817) absolvierte 1759 bis 1764 eine Apothekerlehre in Quedlinburg, war dann in Hannover tätig (s. WESTRUMB) und kam dann als Apothekengehilfe nach Berlin und Danzig. Ab 1771 war er in Berlin in der Apotheke „Zum weißen Schwan" tätig, wo er die Verwaltung bis 1780 übernahm. Nach dem Staatsexamen erwarb er die „Bär-Apotheke". 1800 wurde er o. Chemiker der Akademie der Wissenschaften in Berlin und nach der Gründung der Universität 1810 o. Professor für Chemie. KLAPROTH war ein erfolgreicher Analytiker und Entdecker vieler, damals noch unbekannter chemischer Elemente.

Zu dem *berühmten La Sage* finde ich den Namen *Georges-Louis Le Sage* (1724-1803), als Genfer Physiker, der jedoch in Basel auch Medizin studierte. In die Wissenschaftsgeschichte ist er durch die nach ihm benannte Le-Sage-Gravitation, die Erfindung des ersten elektrischen Telegraphen sowie seine Vorwegnahme der kinetischen Gastheorie eingegangen. Es kann der von HARLESS Genannte somit wohl nicht gemeint gewesen sein. Der Vater mit denselben Vornamen stammte aus Burgund und wird als Autor vieler wissenschaftlicher Arbeiten bezeichnet.

Wappen der Stadt Spa (Region Wallonien, Provinz Lüttich)

SPA(A) ist eine belgische Stadt in den Ardennen, etwa 35 km von der deutschen Grenze entfernt. Im Englischen ist *Spa* zu einem Synonym für Heilbad geworden. Briten kamen schon seit dem 16. Jahrhundert in das Heilbad. Der Name soll auf ein germanisches Wort für „speien, spucken" zurück zu führen sein, womit ursprünglich die Quelle bezeichnet wurde. Zu einem Kurbad wurde der Ort im 18. und 19. Jahrhundert entwickelt. Das Mineralwasser tritt an zahlreichen Stellen an die Oberfläche und schon relativ früh schrieb man ihm wesentliche Heilkräfte zu. Spa entwickelte sich zu einem Treffpunkt gekrönter Häupter – Zar Peter der Große besuchte Spa 1717 und trank schwefelhaltiges Wasser aus der Quelle *Géronstère*, Kaiser Joseph II. war 1781 zu Besuch. Die heutigen Thermengebäude an der Place Royale entstanden im klassizistischen Stil zwischen 1862 und 1868.

HARLESS fährt fort:

Vermuthlich auf Veranlassung der Gräfin Maria Anna erschienen nach jener Zeit (1784 und 1786) zweimalige Nachrichten und Beschreibungen seiner Restauration und des zunehmenden Flors des L. Br., mit großem Lob seiner Heilwirkungen, in dem Journal von und für Deutschland von einem mir unbekannten Verfasser. (Ich habe diese Aufsätze, ungeachtet der mir gegebenen Mühe, nicht zu Gesicht bekommen können, und kenne sie blos aus ihrer Erwähnung in der Jenaer systematischen Uebersicht aller Gesundbrunnen Deutschlands etc. 1t. Theil.) Die Bemühungen der genannten Frau Gräfin von der Leyen hatten auch in wenigen Jahren einen solchen überaus günstigen Erfolg für den Ruf des Brunnens, daß sich nicht nur an demselben selbst jährlich eine große Anzahl Kurgäste zum Brunnentrinken einfanden, die sich zum Theil in dem nahen Lamscheid und Leiningen einquartirten, so daß während mehrerer Jahre ein Arzt in den Sommermonaten seine Wohnung an dem Brunnen aufschlagen mußte, sondern daß auch die Verführung des Brunnens in steinernen Krügen, für welche eine eigene Krugbäckerei und ein Magazin angelegt worden war, bis in weit entfernte Gegenden, insbesondere nach Lothringen, dem Elsaß, Burgund etc., so wie nach der ganzen Pfalz und dem Oberrhein, sehr beträchtlich wurde. Nach einigen vor uns liegenden Angaben sind bis zum Ausbruch des französischen Revolutionskrieges jährlich 180,000 Krüge des Lamscheider Wassers auswärts versendet worden. Der Brunnen blieb indessen nicht lange unter unmittelbarer Landesherrlicher Verwaltung, sondern wurde für 2000 Gulden verpachtet, wobei er nichts an seinem guten Zustande verlor.

Allein dieser Revolutionskrieg, und die mit ihm auch über den Hundsrück und die ganze Rhein- und Moselgegend eingebrochenen Unruhen und Bedrängnisse, die Truppenzüge, der Unterbrechungen des Verkehrs, und was sonst der Krieg in seinem schwarzen Gefolge hat, machten dieser glänzenden Periode des Brunnens nur zu bald ein Ende. Die Brunnengäste verloren sich mit dem Aufhören der Gräflich Leyenschen Regierung. Nach der franz. Occupation des linken Rheinufers, und der Einverleibung des Leininger Ländchens in das Rheindepartement wurde auch nicht mehr die gehörige Sorgfalt auf die Füllung und Versendung des

Brunnens gewendet. Vielleicht waren auch französischer Seits noch andere Interessen dem thäthigen Betrieb der Verbreitung und Versendung und überhaupt der Erhaltung seines vorigen Flors entgegen. Und so gerieth diese Heilquelle und ihr Verbrauch, ohngeachtet sie in ihrer Güte nichts verloren hatte, nach und nach so sehr in Verfall, daß schon bald nach dem Anfang dieses Jahrhunderts nicht mehr der achte Theil, in den letzten Jahren kaum mehr der zwanzigste Theile jener 180,000 Krüge versendet wurden. Durch Verkauf des zur französischen Domäne gewordenen Brunnens an den Amtskeller, Herrn Kalt, im J. 1806. oder 7., schien zwar für einige Zeit wieder etwas Leben in das Brunnengeschäft zu treten, indem die Aufmerksamkeit des Publikums durch eine kleine Schrift des geschickten Herrn Apotheker F u n k e in Linz a. Rh.: Physich-chemische Abhandlung (sic) des Lamscheider Mineralwassers, Cöln 1808, in welcher Hr. Funke die von ihm auf Kalts Veranlassung unternommene chemische Analysen beschreibt), geweckt zu werden. Bei seiner Analyse, angestellt zu Linz, 16 Stunden von der Quelle (welches hinsichtlich des nur in so kleiner Quantität in dem Wasser der Krüge gefundenen Eisens zu bemerken ist), fand Herr Funke, nach der von ihm nur etwas allzu kurz vorgenommenen Procedur, in 200 Unzen des Lamscheider Wassers: an freier Kohlensäure (nach §. 18.) ein gleiches Volumen, wie das, welches das angegebenen Quantum des Wassers einnehme (etwa dem Versuch in §. 7. Seiner kleinen Schrift noch etwas mehr, denn 10 Unzen Wassers füllten dort ein 11 Unzen desselben haltendes Glas mit Kohlens. Gas); an festen Bestandtheilen nur 29 Gran Eisenoxydul, 44 Gran kohlensauren Kalk, 18 Gran kohlensauren Talk, 2 Gran schwefelsauren Kalk, einen Gran salzsauren Kalk, kein Glaubersalz, auch kein freies Natrum (welches freilich mit jenen Kalksalzen nicht wohl vereinbar gedacht werden konnte), und eine Spur von Extraktivstoff. – In Allem also nur die für die Quantität von 200 Unzen sehr geringe Menge von 67 Gran an festen Bestandtheilen. Mit dieser Funkeschen Analyse steht nun die von Bischof mit größter Genauigkeit vorgenommene zu vergleichen, und diese wird freilich manches ganz Anderst zeigen. – Der Absatz des Brunnens wollte sich gleichwohl nicht viel weiter als in der Umgegend erheben. Seit einigen Jahren ist nun Herr D. Avis durch käufliche Uebernahme Besitzer dieses Brunnens, und wendet sein ganzes Bestreben auf dessen würdigere Emporbringung.

Der genannte *Apotheker Funke in Linz a. Rh.* wird in der pharmazeutischen Literatur nach 1800 häufiger zitiert, bzw. ist dort mit eigenen Arbeiten vertreten. Es handelte sich um *Joseph Funke*, in Linz als Apotheker seit 1800, der die „Apothekerkunst" im Institut von J. B. Trommsdorff in Erfurt erlernt habe. In der Geschichte des Unternehmens „Gebrüder Rhodius 1827-2002. 175 Jahre rheinisches Unternehmen" (Birgitt Morgenbrod und Stephanie Merkenisch, Hrsgb. Gebrüder Rhodius GmbH + Co. KG, Burgbrohl) wird ein Apotheker *Maximilian Funke* aus Linz genannt, der sich beim Erwerb der Max-Friedrich-Hütter auf dem Linzer „Stern" 1821 finanziell beteiligt habe. Nach dieser Information wird auf Seite 16 der Firmenschrift das Haus Sion in Linz als Wohnhaus von Christian Rhodius seit etwa 1846 und dem Bild gegenüber der „Auflösungsvertrag der Geschäftsbeziehungen zwischen Christian Rhodius und Maximilian Funke vom 14. Dezember 1829" abgebildet.

Aufenthalt in St. Goar

Am späten Abend des 8. August 1816 kehren der Bonner Professor HARLESS und der Apotheker SCHÜTZ nach St. Goar zurück.

Am folgenden Tag will der Medizinprofessor zunächst im Gasthaus Krone seine Notizen vom vorherigen Tag, von seinen Beobachtungen am Lamscheider Brunnen und über dessen Umgebung, ordnen. Für den Nachmittag, ist ein Besuch der Burgruine *Rheinfels* zusammen mit dem Apotheker SCHÜTZ vorgesehen.

Bei Karl BAEDEKER wird wenige Jahre später in dessen Reiseführer zu lesen sein:

„Die ehemalige Festung **Rheinfels**, über St. Goar, wurde 1245 von Graf *Diether III. von Katzenelnbogen* [richtig: Graf Diether V. von Katzenelnbogen, gest. 13. Januar 1276; regierte als erster Herr von Burg Rheinfels von 1245-1276] dem Freund Kaiser *Friedrich II*. [1194-1250, Staufer, Nachfolger von Friedrich I. – Barbarossa;] erbaut, und unter Begünstigung des Letzteren ein neuer Rheinzoll dort angelegt. Zehn Jahre später vereinigten sich, wie die Inschrift der Steintafel zu Rheinfels erzählt, 26 Städte am Rhein mit ihren Verbündeten, und belagerten die Feste wegen des neuen Zolls, mußten aber, nach einer 15monatlichen [monatigen] Belagerung, ohne Erfolg abziehen. Später kam die Fest an Hessen, und wurde unter Landgraf P h i l i p p   d e m   J ü n g e r e n [Marburg 1541-

1583 Burg Rheinfels] bedeutend verstärkt. Im J. 1692 wurde sie von dem franz. General Grafen T a l l a r d [Camille d'Hostuen, Graf von Tallard, 1652-1728], mit 24,000 (?) Mann eingeschlossen und wiederholt hartnäckig angegriffen und beschossen, jeder Sturm aber durch die muthvolle Vertheidigung des hessischen Generals v o n   G ö r z [Generalmajor Georg Ludwig Sittich von Schlitz, genannt von Görz, 1655-1696] mit großem Verlust von Seiten der Belagerer abgewiesen, so daß endlich die Franzosen, bedrängt von den zum Entsatz von Koblenz herannahenden brandenburgischen und pfälzischen Hülfstruppen, am 1. Januar 1693 abziehen mußten. Obgleich die Werke inzwischen ansehnlich verstärkt waren, verließ dennoch der feige Commandant die Festung, als sich im J. 1794 kaum einige franz. Vorposten der Sambre- und Maas-Armee hatten blicken lassen. Die ganze hessische Besatzung zog sich bei Nacht und Nebel auf das rechte Rheinufer zurück, mit Hinterlassung alles Geschützes und Kriegsbedarfs. Das Kriegsgericht zu Ziegenhain verurtheilte den Commandanten zum Tode, der Kurfürst änderte das Urtheil in lebenslängliche Gefangenschaft. Drei Jahre später wurde Rheinfels von den Franzosen zerstört. Die ansehnlichen Trümmer, umfangreicher als irgend eine der alten mittel-rheinischen Burgen, sind 1843 vom P r i n z e n v o n   P r e u ß e n angekauft. Die Aussicht von Rheinfels ist belohnend. Neben der Festung ist ein Gasthaus „zum Prinzen von Preußen", in welchem aber der Schlüssel zur Festung leider sich nicht befindet. Diesen hat ein Aufseher in St. Goar, den man besonders rufen lassen muß, eine eben so unbequeme als theure (10 Sgr. Trinkg.) Einrichtung."

Der Apotheker SCHÜTZ wird dem Medizinprofessor aus Bonn sicher bei der Vermittlung des Aufsehers geholfen haben – ob er das Trinkgeld bezahlen musste (es entsprach fast den Kosten für eine Übernachtung!) wissen wir nicht (heute Eintritt 4 Euro). Der Aufstieg war beschwerlich, aber lohnenswert – nicht nur wegen des Ausblicks sondern auch wegen der Größe der Anlage.

Die gleiche Aussage gilt auch noch heute im Jahr 2013.

In der folgenden Übersicht sind einige wichtige Daten aus der Geschichte von St. Goar und der Burg Rheinfels zusammengestellt.

6. Jahrh.	Der Mönch Goar kommt an den Rhein
765	Die *cella sancti goaris* gelangt durch den Frankenkönig Pippin in den Besitz des Prümer Abts Assuer
1190	Die Vogtei St. gelangt an die Grafen von Katzenelnbogen
1245	Baubeginn der Burg Rheinfels
1479	Mit dem Aussterben der Grafen von Katzenelnbogen gelangt das Rheinfelsische Erbe an Hessen
1527	Landgraf Philipp der Großmütige von Hessen führt in St. Goar die Reformation ein.
1567	Philipp II. von Hessen-Rheinfels (1541-1583) lässt die Burg zu einem Schloss ausbauen und die Festungswerke erweitern – Grabmahl in der Stiftskirche.
1692/93	Erfolglose Belagerung der Burg durch ein Heer König Ludwigs XIV.
1758	Besetzung durch französische Truppen
1796	Sprengung der Außenwerke
1801	Das linke Rheinufer wird französisch.
1843	Der Prinz von Preußen kauft die Burgruine – ab 1925 im Besitz der Stadt

(Quelle der Daten: Eva Haupt, Burg Rheinfels St. Goar – mit Literaturnachweisen, Tourist Information St. Goar o. J. um 2005)

Im Museum auf Burg Rheinfels (Nordbau) findet der Besucher, der zuvor den Ausblick vom Uhrturm in das Rheintal genossen und auch die teilweise unterirdischen Befestigungsanlagen durchstreift hat, Exponate zur der ehemaligen *Rheinfels Apotheke* – eine etwa 100 Jahre alte Einrichtung und weitere Gegenstände aus der 400jährigen Geschichte. Beim Rundgang „durch die mittelalterliche Burg" (Rundgang Nr. 1) erreicht man das Museum, nachdem man durch das 3. Tor gegangen ist. Im Nordbau rechts hinter dem Tor befand sich im Erdgeschoss eine Kapelle. Sie wurde mit wiederhergestellter Gewölbedecke zu einem Museum umgestaltet – zusammen mit der danebengelegenen Sakristei und dem Gewölbekeller, in dem sich die Ausstellung zur Apotheke befindet.

Im inneren Schlosshof vor dem Eingang zum Museum befindet sich auch der Zugang zur ehemaligen Apotheke der Burg Rheinfels, woran sich das Brauhaus anschloss.

Die *Rheinfels Apotheke* im Museum der Burg Rheinfels

In Ergänzung der genannten historischen Daten sind noch einige Details von Interesse, die auch HARLESS bei seinem Besuch möglicherweise erfahren hat:

Die erfolglose Belagerung der Feste Rheinfels, in welcher der französische General Tallard schwer verletzt wurde und daher den Oberbefehl an den Generalmajor de Choisy abgeben musste, führte schließlich dazu, dass die Franzosen am 2. Januar 1693 abziehen mussten. Der Landgraf Ernst ließ Gedenkmünzen prägen (im Museum ausgestellt); eine zeigt eine Katze (das Symbol für Katzenelnbogen), die einen Hahn (Zeichen für Gallien) die Brustfedern zaust – mit der Umschrift: *Insultantem Deplumo* (wer mich angreift, den rupfe ich).

Wenige Jahre bevor HARLESS nach St. Goar kam – am 26. November 1812, wurden Burg und Festung Rheinfels (außer den Festungswerken waren 1797 auch das Schloss und der Bergfried weitgehend zerstört worden) in Koblenz als französisches Staatseigentum versteigert. Der Handelsmann Peter Glas aus St. Goar konnte die Ruinen erwerben. Er verkaufte dann Schiffsladungen voller Steine, auch Tür- und Fenstereinfassungen ab 1819 nach Ehrenbreitstein, wo die Preußen die Festung wieder aufbauten.

Nach dem ersten Besuch mit dem Apotheker SCHÜTZ aus St. Goar am 8. August 1816 am Brunnen von Lamscheid hat HARLESS sich ein Bild vom Brunnen, der Umgebung und den übrigen Anlagen verschafft und verfasst aus eigener Anschauung dann ein Kapitel über

Lage und Oertlichkeit des Lamscheider Brunnens. Nächste Umgebungen desselben. Gebirgsbeschaffenheit. Die zum Brunnen gehörigen Wirtschafts- und Bade-Gebäude.

Wie der folgende Text deutlich zeigt, hat sich HARLESS offensichtlich vor allem über die *Verkehrsanbindungen* (wie wir heute sagen würden) umfassend informiert – woher er diese hat, können wir heute nicht mehr im Einzelnen feststellen; sicher werden nur wenige Informationen auf eigenen Erfahrungen beruht haben. Der Text zeigt, wie wichtig schon damals für ein Unternehmen wie den Mineralwasserversand und einen möglichen Kurbetrieb die Erreichbarkeit des Ortes bzw. die Wege zu Versandplätzen wie Rhein und Mosel oder auch größeren Städten waren. Aus dieser Sicht wird die Text ungekürzt wiedergegeben – mit kurzen Erläuterungen in eckigen Klammern und nicht kursiv:

Der L a m s c h e i d e r Sauerbrunnen, eine der stärksten kohlensauren Stahlquellen Deutschlands (wie sich aus der chemischen Analyse im dritten Abschnitt näher ergeben wird), in älterer Zeit unter dem Namen des L e i n i n g e r Sauerbrunnen allgemeiner bekannt, und auch jetzt noch von den Landleuten der Umgegend fast nur mit diesem Namen bezeichnet, liegt auf dem zum K. Preußischen Großherzogthum Niederrhein [eine von zunächst zehn Provinzen nach dem Wiener Kongress, 1815-1822, danach zur Rheinprovinz]*, Regierungsbezirk Coblenz, gehörigen Theil des Hundsrückgebirges, im Kreis St. Goar, Bürgermeisterei Pfalzfeld* [heute Ortsgemeinde im Rhein-Hunsrück-Kreis, gehört zur Verbandsgemeinde Emmelshausen]. *Der Brunnen sammt den dazu gehörigen Gebäuden und Grundstücken gehört zu dem nur einen Büchsenschuß davon liegendem kleinen Dorfe L a m s c h e i d, welches einen Theil der Sammtgemeinde L e i n i n g e n, eines ziemlich gut gebauten Dorfes auf einer mäßigen Anhöhe, eine Viertelstunde von dem Mineralbrunnen, im Westen desselben liegend, ausmacht. Die Höhe der Quelle über dem Rheinspiegel bei Coblenz beträgt nach den Messungen des Bauinspectors Hrn. Umpfenbach etwas über 1100 rheinl. Fuß.*

Der Brunnen liegt nur 3 Stunden vom Rhein westwärts dicht an der chaussirten Landstraße, welche von Koblenz über Boppard, und von da über die Höhe des Hundsrückes nach S i m m e r n, von da nach K r e u z – n a c h, und von hier sowohl in östlicher Richtung nach Mainz, als in südlicher nach Zweibrücken u. s. w. führt. Diese war noch vor der französischen Occupation des linken Rhein-Ufers, und so lange die Rheinstraße von Coblenz nach Mainz nicht angelegt war, für die Postwägen so wie für alles Güterfuhrwerk die einzige Fahrstraße zwischen diesen beiden Städten. In S i m m e r n, einem lebhaften und freundlichen Städtchen, 4 Stunden von Lamscheid südlich gelegen, stößt auch die von T r i e r über Bernkastel und Kirchberg nach Kreuznach u. s. w. führende Landstraße mit jener von Coblenz kommenden zusammen, wodurch die Communikation für jedes Fuhrwerk auch mit Trier von dem Lamscheider Brunnen aus mit größter Bequemlichkeit statt findet; wiewohl man bei guter Jahreszeit mit leichten Chaisen auch, statt den Umweg von 4 Stunden über Simmern zu machen, diese Stadt links lassend auf einem viel kürzeren und guten Feldweg von Lamscheid gerade über Trarbach nach Bernkastel fahren kann, wo man über die Mosel setzend, bei Hetzerath auf die große von Coblenz nach Trier führende Heerstraße kommt. Sonach kann man nach dem Lamscheider Brunnen sowohl von Coblenz, als von Kreuznach (Kaiserslautern, Zweibrücken etc.), und von Bingen und Mainz, und eben so von Trier (der ganzen Eifel, Saarlouis, Saarbrücken etc.) auf guten Chaussen, die nur in einzelnen Strecken noch der Nachhülfe bedürfen, mit jedem Fuhrwerk kommen: und bei der Nähe des Brunnens an dem Rhein ist der Transport des Mineralwassers auf der kurzen Landstrecke bis an den Strom, die sowohl über B o p p a r d, als über St. G o a r nur drei Stunden beträgt, und dann weiter zu Schiff den Strom auf- oder abwärts, zu jeder Jahreszeit, oder so lange wenigstens die Stromfahrt offen ist, mit der vortheilhaftesten Leichtigkeit, und verhältnißmäßig mit sehr geringen Kosten, zu bewerkstelligen. Dasselbe gilt auch von der Verfahrung des Mineralwassers nach der Mosel, wo nur der tiefere Winter einige Unterbrechung machen könnte. Die 2 Straßen, die vom Rhein aus nach Lamscheid führen, nämlich von Boppard und von St. Goar aus, sind als ziemlich hoch ansteigende Bergstraße zwar allerdings mehr, als die oben an der Höhe fortlaufenden, den Beschädigungen, Wasserrissen etc.

durch die Regengüsse und das Aufgehen des Winter-Schnees ausgesetzt, aber sie lassen sich doch selbst mit schweren Wagen noch immer gut passiren. Und neuerlichst hat die Regierung auch bereits die Verfügung getroffen, daß die Bergstraße von Boppard nach der Höhe ganz neu und in bequemster Nivellirung hergestellt werde, welches für das ganze Gebirge und seinen Handel höchst erwünscht seyn muß.

Die E n t f e r n u n g e n des Lamscheider Brunnens sind:
von B o p p a r d 3 Stunden, von St. G o a r 3 Stunden, von S i m m e r n 4 Stunden, von C o b l e n z 7 Stunden, von B o n n 21 Stunden, von Kreuznach 10 Stunden, von B i n g e n (gerade über das Gebirge über Stromberg und Rheinböllern, Landweg) 7 Stunden, von M a i n z 12 Stunden, von T r i e r (geradeste Straße über Bernkastel) 18 Stunden, von dem Bade B e r t r i c h über Zell, 10 Stunden. Der Postwagen von Simmern nach Boppard passirt wöchentlich dreimal nahe an diesem Brunnen hin und zurück, und trifft in Simmern mit dem nach Kreuznach kommenden zusammen. Diese gewähren somit auch gute Reisegelegenheit für Solche, die das Wasser an dem Brunnen selbst trinken wollen, und nicht schon mit anderen Reisemitteln versehen sind. Mit eignen oder Miethpferden legt man übrigens den Weg von Coblenz nach Lamscheid in weniger als einem halben Tag, und von Mainz in weniger als einer Tagreise zurück.

[Der folgende Text liest sich wie aus einer touristischen Werbebroschüre – offensichtlich stammen aber die Schilderungen aus eigener Anschauung. Im Hinblick auf die Anreise nach St. Goar können wir daraus schließen, dass HARLESS vielleicht von Bonn kommend zunächst in Koblenz übernachtet hat.]
Der Weg von Coblenz bis Boppard ist bekanntlich einer der schönsten und angenehmsten, welchen man an den herrlichen Gestaden des Mittelrheines finden kann, immer wechselnd in den reizendsten und pittoreskesten Situationen und Ansichten. Kaum gibt es eine schönere lieblichere Parthie am Rheine, als eben die um und vor dem alterthümlichen Boppard. Eben so anmuthig und reich an den schönsten und durch die herrliche Gruppirungen von Felsen, großen und imposanten

Burg-Ruinen, mit den lachendsten Thälern und freundlich am Strom ausgebreitet oder aus dem Gebüschen blinkenden Dörfern und Flecken, immer neue Reize bietenden Ansichten, ist die Rheinstraße von Bingen über Bacharach und St. Goar, wenn man von Mainz kommend nicht über Kreuznach, sondern längst dem Strom bis St. Goar, und von da aus nach Lamscheid will. Aber auch von Kreuznach aus, dessen Lage und Umgebungen selbst zu den herrlichsten und großartigsten des schönen Nahethals gehören, und auch in vieler andern Hinsicht reich an Sehenswürdigkeiten sind, führt ein sehr angenehmer und manche malerische Punkte bietender Weg nach dem Brunnen. Endlich gewährt auch die von Trier bis Bernkastel und Trarbach führende Straße, so lange sie zumal in der Nähe der Mosel läuft, dem Reisenden auf mehrere Punkten eine ergötzende Mannichfaltigkeit schöner Ansichten, wenn sie auch auf andern Strecken mehr Einförmiges hat.

  Von Boppard, einer durch ihr Alterthum und ihren ehemaligen fränkischen Königshof (von welchem noch einige Trümmer vorhanden sind, und in welchem im frühesten Mittelalter, als Boppard noch Reichsstadt war, mehrere Versammlungen von deutschen Kaisern und Fürsten gehalten wurden) merkwürdigen Stadt von beinahe 3000 Einwohnern, mit einem sehr guten und empfehlenswerthen Posthaus und noch andern guten Gasthöfen, auch seit einigen Jahren mit einer vorzüglich gut eingerichteten und von würdigen Vorsteherinnen trefflich geleiteten Privat-Erziehungsanstalt für junge Frauenzimmer, führt die Straße gleich hinter der Stadt, nahe dem sehr romantisch auf der Höhe gelegenen ehemaligen Frauen-Kloster Marienberg (jetzt zu dem erwähnten Pensionat umgewandelt), durch Laubwald ein Stündchen lang den Berg hinauf, und dann mit angenehmen Abwechselungen von schönen Landparthieen, lichten und weiten Aussichtspunkten zurück auf das Rheingebirg der rechten Seite, kleinen Thälern, von Bächen durchschnitten, bald auf- bald abwärts aus dem Walde heraus auf die schon kahlere Bergfläche, die das Plateau des Hundsrücks bildet, bis man, einen kleinen bebuschten Hügel hinabfahrend, fast unerwartet bei dem Gasthof des Lamscheider Brunnens, welcher jetzt Eigenthum eines sehr wackeren und rechtlichen Mannes, des Herrn D'A v i s aus Oberwesel ist, anlangt. Dieser Weg von Boppard ist in *der That schön, besonders an einem heitern Frühlings- oder Sommermorgen, wo der Wald durch den Gesang von Vögeln vieler Arten belebt wird, und wo sich, sobald man auf der Höhe angelangt ist, und schon früher, in verschiedenen Wendungen, das Rheinthal und sein Berggelände zumal im Abendlicht unvergleichlich ausnimmt.*

Diese ausführliche Schilderung des Weges von Boppard zum Mineralbrunnen in Lamscheid lässt erkennen, dass HARLESS auch von Boppard aus in den Hundsrück gereist ist. Heute können wir diese Anreise nicht nur mit dem Auto sondern auch mit der *Hunsrückbahn*, dem *Rhenus veniro*, von Boppard bis Emmelshausen nacherleben. Von dort fährt dann ein Bus bis Sauerbrunnen, der am genannten ehemaligen Gasthof hält.

Die M i n e r a l q u e l l e, und das das dicht an ihm westlich befindliche Gasthaus des Herrn D'Avis, welches von der um diesen Mineralquell und sein Emporkommen so eifrig bemüht gewesenen Gräfin Maria Anna von der Leyen (s. den folgenden Abschnitt) erbaut worden war, und zugleich zum Logirhaus für Kurgäste und Reisende eingerichtet ist, liegen in einem freundlichen, heitern, und von der reinsten Luft durchstrichenen schmalen Wiesenthal zwischen zwei großentheils begrünten Hügeln, denen man nur mehrere Bäume oder schönes Gebüsch wünschen möchte. In diesem aus zwei Geschoßen bestehenden Gasthaus

befinden sich, ausser einer geräumigen Wirthsstube, in welcher die Gäste des Mittags und Abends speisen, in dem obern Stock mehrere recht angenehme und hübsch eingerichtete Zimmer, welche zum Logis von den Kurgästen benutzt werden können, und die Aussicht theils nach dem gegenüber liegenden Hügel und auf das Thal, über welchem das Dorf Leiningen liegt, theils nach dem Brunnen haben. Auf der Hofseite sind noch einige kleine eben nicht ansehnliche Gebäulichkeiten für Stallung, Schopfen u. dgl., und hinter dem Hause ist ein kleiner Blumen- und Gemüsgarten, neben demselben westlich aber ein größerer mit Bäumen, und über demselben erhebt sich der andere Hügel, welcher gleichfalls noch zu dem Hause gehört, zum Theil mit Getreide besäet ist, auch einige Anlagen hat. Da indessen der Raum des Hauses doch für das Zusammenwohnen von mehreren Brunnengästen bis jetzt zu beschränkt ist, so hat Herr D'Avis, der sich für die Erweiterung und Verschönerung dieser Brunnen- und Kur-Anstalt mit großem Eifer angelegen seyn läßt, und kein Opfer scheut, um diesen in neuerer Zeit so sehr und so unverdienter Weise in Verfall gekommenen Mineralbrunnen wieder emporzuheben, den Entschluß gefaßt, dieses Gast- und Logirhaus in Baldem zu vergrößern, eine größere Anzahl von Zimmern in demselben anzulegen, es mit neuen und anständigeren Seitengebäuden für Stallung, Remisen etc. zu versehen, und auch die anstoßenden Gartenplätze, und hauptsächlich den dazu gehörigen Hügel in eine große und geschmackvolle Anlage mit Promenaden, Bosquets, Lauben etc. umzuschaffen. Hierzu eignet sich auch dieser sanft sich erhebende Hügel, von etwa 200 Fuß Höhe, durch seine Lage und sein Terrain ganz vorzüglich, und, wenn es bis auf seinen obern Rücken theils mit Buschwerk bepflanzt, theils mit grünen Matten, Ruheplätzen etc. verschönert werden, und – wie Herr D'Avis Willens ist – auf seiner Höhe einen Pavillon erhalten wird, dessen Aussicht über das ganze westliche Thal, und über die in der Nähe herumliegenden Dörfer und Weiler sich verbreitet, wird er unstreitig die schönste Zierde der Gegend seyn, und den Kurort selbst zu einem anziehenden Aufenthalt machen.*

Auch aus diesem Text lässt sich schließen, dass HARLESS offensichtlich in dem Gasthaus, das später Gräf hieß (und heute noch im Namen der

Bushaltestelle erhalten), logiert und die Örtlichkeiten sehr genau erkunde hat. Seine Visionen sind leider nicht Realität geworden.

Der Gasthof sammt seinen beiden Hügeln, und sammt dem Dorfe Lamscheid werden von dem nur wenig größern Dorf L e i n i n g e n, welches sich in seiner etwas erhabenen Lage von dem Brunnen aus sehr freundlich ausnimmt, durch ein zwar nicht sehr breites, aber ungemein angenehmes Wiesenthal in der Richtung von Süd nach Nord geschieden, durch welches sich ein kleiner mit Erlengebüsch besetzter klarer Forellenbach, von Lamscheid kommend, schlängelt. Am nördlich Ende dieses Thals breitet sich das Dorf S c h w a l l aus, welches einige Häuser mehr zählt, als Leiningen, aber eben so wenig, wie dieses und wie Lamscheid ein Kirchdorf ist. Dieses stilländliche schön begrünte Thale, dessen ganze Länge noch keine halbe Stunde beträgt, gehört zu den schönsten Parthiien von Lamscheid, und gewährt durch seine ebene Lage und seine Umgebung von drei Dörfern einen recht angenehmen Spaziergang. Einige feuchte Stellen in seinem tiefern Theil, am Bache, würde(n) sich ohne große Mühe durch kleine Abzugsgräben trocken legen lassen. Eigentlich sumpfigt ist es jedoch nirgends. Von seiner Mitte erhebt sich der Weg nach dem schon genannten Dorf Leiningen, welches erst mit dem dreißigjährigen Krieg an der Stelle des ehemaligen viel beträchtlicheren Marktfleckens Leiningen (wovon im folgenden Abschnitt) erbaut worden ist, und unter den Dörfern des Hundrücks, die im Ganzen nicht zu den schönsten und wohlgebauten gehören, noch eines der regelmäßiger gebauten ist. Sehr angenehme Fußpfade und gute Fahrwege führen theils durch dieses Thal, theils an demselben vorbei nicht nur nach dem einen oder andern der ebengenannen drei Döfer, welche die nächsten Excursionspunkte für die Morgen- und Abendspaziergänge der Brunnengäste darbieten, sondern auch nach dem schon bedeutenderen Flecken P f a l z f e l d, eine kleine Stunde vom Lamscheider Brunnen, wo der Sitz des Bürgermeisteramtes ist, und wo sich auch ein guter Gasthof befindet. Auch in den vorhin genannten drei Dörfern sind Wirthshäuser; aber freilich muß man in ihnen nicht auf Eleganz und fine-Dinners *Anspruch machen. Dagegen mag wohl die Gutmühtigkeit der Wirthsleute in ihnen das Wenige würzen, was sie aus ihren kleinen Vorräthen reichen können. – Der Hundsrücker Landmann und auch der Bewohner der kleinen*

Städte und Flecken auf diesem von der Natur nicht reich ausgestatteten, streckenweise selbst unfruchtbaren und kahlen, Berglande ist im Ganzen nicht reich; er kennt kein luxuriöses Wohlleben, und beschränkt sich größtentheils auf eine sehr einfache Lebens- und Nahrungsweise. Aber er ist doch im Ganzen von sehr munterem und aufgeweckten Temperament, frohen Muthes, und zufrieden mit Wenigem, wenn er nur täglich seinen Schoppen Mosel- oder Pfälzerwein hat, den er nicht gern entbehrt, und den man auch in dem kleinsten Wirthshaus zimlich gut, in manchem sehr gut, alsdann aber auch nicht wohlfeil, findet.

Die drei kleinen Dörfer, Lamscheid, Leiningen und Schwall bilden zusammen e i n e Gemeinde, welche ohngefähr aus 40 ansässigen Familien besteht, und sich insgesamt zur katholischen Religion bekennt. Sie gehören zu der Pfarre von Pfalzfeld; jedoch ist Leiningen jeden Sonntag früh Messe, und auch in der Woche öfters Gottesdienst. In der Nähe sind aber auch mehrere evangelische Dörfer mit Kirchen, deren sonntäglicher Besuch vom Sauerbrunnen aus zu Wagen in wenigen Stunden abgemacht werden kann. Würde sich die Zahl der Kurgäste an diesem Brunnen so weit vermehren, daß auch für den evangelischen Theil derselben ein eigener Gottesdienst in größerer Nähe des Brunnens zum Bedürfniß werden dürfte, so würde diesem mit der Zeit ohne große Schwierigkeiten abzuhelfen seyn. – Uebrigens ist die ganze Umgegend, wenn sie auch auf der Höhe den Karakter einer gewissen Einförmigkeit trägt, wie sie dem Hundsrücken eigen ist (jedoch mit manchen recht angenehmen Thalmulden durchschnitten), einer der bevölkersten dieses Landstrichs, indem in dem Umkreis von weniger als 1 ½ Stunden mehr als 15 bis 16 Dörfer liegen, theils von evangelischen, theils von katholischen Einwohnern bewohnt, und in der Entfernung von nur 2,3 bis 4 Stunden mehrere kleine und lebhafte Städte, unter denen das alterthüliche C a s t e l a u n (ursprünglich C a s t e l l u m   H u n n o r u m, 2 ½ Stunde vom Brunnen) mit seinen Burg-Ruinen, das nächst ist.

———

LOKALTERMINE im 21. Jahrhundert
Emmelshausen – Sauerbrunnen – Lamscheid – Schwall – Leiningen - Pfalzfeld und Kastellaun im Hunsrück

HARLESS schrieb den Namen des Gebirges noch HUNDSRÜCK. In der Gründungurkunde des Klosters Ravengiersburg (in der heutigen Verbandsgemeinde Simmern/Hunsrück) aus dem jahr 1074 ist der Name erstmalig als *Hundesrucha* erwähnt. Im „Bilder-Conversations-Lexikon für das deutsche Volk" aus dem Brockhaus-Verlag von 1838 ist zu lesen: „**Hundsrück** (der), auch wol der H u n s r ü c k, ist ein deutsches Gebirge in den preußischen Regierungsbezirken Koblenz und Trier, welches eine Fortsetzung der Vogesen bildet und nur eine geringe Höhe, bis zu ungefähr 2000 F. erreicht. Er besteht aus Kalkschiefer. Theile desselben sind der *Hochwald* und der *Sohnwald*; Haupterzeugnisse Hanf, Flachs, Kleesamen und Wild. Den Namen leiten Einige von H u n n e n ab, welche sich einst hier niedergelassen haben sollen."

Eine andere Namenserklärung lautet, das der Hunsrück möglicherweise vom Begriff *Hont*, dem in der Frankenzeit geläufigen Wort für Hundertschaftsführer abgeleitet sei.

Aber vielleicht ist die Antwort auf die Frage nach der Herkunft des Namens *Hundsrück* viel naheliegender – nämlich direkt vom *Hundsrücken* wegen der *hügeligen* Landschaft.

Im BROCKHAUS aus dem Jahr 2001 ist u.a. zu lesen:
„**Hunsrück** *der*, der Südwestflügel des Rhein. Schiefergebirges …; der H. ist die linksrhein. Fortsetzung des Taunus. Über welligen Hochflächen (aus devon. Tonschiefern) 400-500 m ü.M. erheben sich lang gestreckte Quarzitrücken… (…) Die Höhenrücken tragen Fichten- und Mischwälder, die Hochflächen werden zumeist landwirtschaftliche genutzt. Die Verkehrserschließung durch die Eisenbahn (seit 1889) sowie die Verbesserung des Straßennetzes (H.-Höhenstraße) ermöglichten die Ansiedlung von Holz und Metall verarbeitender sowie von Textilindustrie; älter sind Dachschiefergewinnung und Edelsteinschleifereien…"

Wie bereits erwähnt, besteht eine Möglichkeit der Anreise heute mit der *Hunsrückbahn*. Als Eisenbahnnebenstrecke führte sie von Boppard bis nach Simmern. Ende des 19. Jahrhunderts wurden jedoch zunächst Teilstrecken im Hunsrück nach Simmern gebaut – so wurde am 7. Oktober

1879 die Strecke von Langenlohnsheim nach Simmern eröffnet (Hunsrückquerbahn – als Abzweigung von der Nahetalbahn, 1897 bis Hermeskeil). Ein wichtiges Datum in der Geschichte der Hunsrückbahn ist der 18. Mai 1903 – an diesem Tag ermächtigte der preußische König die Staatsregierung die Strecken zwischen Kastellaun und Boppard zu bauen (genehmigte Summe 5 943 000 Mark – ohne Grunderwerbskosten und die Kosten zur Anschaffung von Fahrzeugen!). Nach schwierigen Bauphasen (mit Felsrutsch bei Leiningen, bei dem 13 Menschen ums Leben kamen – zwei Viadukte und fünf Tunnel mussten gebaut werden) fand am 2. August 1908 die Eröffnungsfahrt statt. Ab 1983 wurde nach und nach der Verkehr auf Teilstrecken eingestellt – zuletzt am 1. März auf der Strecke Simmern-Pfalzfeld und ab 1998 wurde auch das Teilstück Emmelshausen-Simmern schrittweise abgebaut. Die Strecke *Emmelshausen-Boppard* blieb im Betrieb, wurde im Jahr 2008 vollständig saniert. Seit dem 4. Mai 2011 fahren Züge von *Rhenus Veniro* auf dieser Strecke, die der Autor für die Rückreise vom *Sauerbrunnen* in Lamscheid nach Bonn benutzt hat und so auch einen Eindruck von der Landschaft bekam, die HARLESS so ausführlich und anschaulich beschrieb.

Wer heute (2013) die ehemalige Thauma Quelle, den Stahlbrunnen von Lamscheid mit öffentlichen Verkehrsmitteln wie der Autor besuchen möchte, kann zwei Anfahrtswege wählen: von Koblenz Busbahnhof mit der Linie 621/622 über die Hunsrückhöhenstraße (B 327) bis Leiningen-Sauerbrunnen oder von Boppard zunächst mit der Hunsrückbahn (*Rhenus Veniro*) bis Emmelshausen und von dort in wenigen Minuten mit dem Bus bis zum Sauerbrunnen. Von St. Goar führt eine Auto-Straße an der Burgruine Rheinfels vorbei über Biebernheim direkt nach Lamscheid.

Für die erste Anreise wählte ich die Busverbindung von Koblenz über die Hunsrückhöhenstraße (etwa 1 Stunde Fahrzeit) mit der Haltestelle *Sauerbrunnen Gh. Gräf*. Die Buslinie 620 von Koblenz Hauptbahnhof (ZOB) ermöglicht die Anreise zum Sauerbrunnen mit dem Ausstieg an der B 327 (etwa 100 Meter vom Brunnenhaus entfernt) in etwa 50 Minuten.

Emmelshausen (Bahnstation) ist heute ein staatlich anerkannter Luftkurort und Verwaltungssitz der gleichnamigen Verbandsgemeinde im Rhein-Hunsrück-Kreis in Rheinland-Pfalz. Die Gründung einer Siedlung *Liesenfeld* ist sie im 15. Jahrhundert schriftlich erwähnt worden – eine gleichnamige Siedlung befand sich aber schon Ende des 13. Jahrhunderts dem Gebiet von Emmelshausen, die jedoch aufgegeben wurde. Als Ort wurde Emmelshausen erst 1935 selbstständig – 1920 lebten nur 20 Personen am Bahnhof und um das Gasthaus Waldfrieden des Gastwirts und Knochenflickers Peter Pies; zur Ortsgründung waren es schon 280. Aber erst durch den Ausbau der Straße Koblenz-Kastellaun zur Hunsrückhöhenstraße ab 1938 entwickelte sich der Ort, der sich seit dem offziellen Verleihungsakt am 27. Juni 2010 als Stadt bezeichnen darf. Im Bereich Kultur hat sich Emmelshausen mit dem *Zentrum am Park (ZAP)* zu einem Mittelpunkt im Rhein-Mosel-Dreieck entwickelt. Der Bahnhof stammt aus dem Jahr 1908; das Empfangsgebäude besteht teilweise aus Bruchstein bzw. Fachwerk und zählt zu den Einzeldenkmälern der Stadt.

Sauerbrunnen ist seit der Gemeindereform Anfang der 1970er Jahre in Rheinland-Pfalz ein Ortsteil der Ortsgemeinde *Leiningen* in der Verbandsgemeinde Emmelshausen. Das Dorf liegt in einem Nebental des Baybachs. Seine Geschichte geht auf die Quelle des Sauerbrunnens zurück, die wie von HARLESS erwähnt, erstmals 1565 erwähnt wurde. Um 1786 gab es einen Kurbetrieb, ab 1789 verfiel der Brunnen, 1898 wurde ein neues Brunnenhaus erbaut (s. S. 77 u. 80), welches 1910 erneuert wurde –

im selben Jahr erhielt die *Thauma-Quelle* die amtliche Anerkennung als „Lamscheider Stahlbrunnen".

Lamscheid gehört als Ortsteil zu Ortsgemeinde *Leiningen* und diese zur Verbandsgemeinde Emmelshausen. Lamscheid war bis 1969 eine eigenständige Gemeinde.

Schwall gehört ebenfalls der Verbandsgemeinde Emmelshausen an. Die Gemeinde liegt südlich von Emmelshausen. Erstmals erwähnt wurde der Ort 1300 als *Swalle*. Im 16. Jahrhundert waren die Herren von Eltz Grund- und Gerichtsherren von Schwall und Leiningen – erst später gehörte es zur Herrschaft der Grafen von der Leyen.

Leiningen liegt auf den Höhen des Vorderhunsrücks etwa jeweils 15 km vom Rhein bzw. von der Mosel und 30 km von Koblenz entfernt. Zur Ortsgemeinde gehören außer Lamscheid und Sauerbrunnen auch die Wohnplätze (räumlich geschlossene, dauernd bewohnte Ansiedlung) Reifenthal, St. Georgsquelle, Sankt Georgs-Hof und Marienau. Die Ortsherren von Leinigen waren die Grafen von der Leyen zu Gondorf. 1794 französisch, 1815 preußisch und seit 1946 Teil des neu gegründeten Landes Rheinland-Pfalz wurde am 7. Juni 1969 aus Leiningen und Lamscheid zunächst *Leiningen-Lamscheid* und ab 1. Januar 1981 *Leiningen*.

Pfalzfeld, ein staatlich anerkannter Fremdenverkehrsort, gehört ebenfalls zur Verbandsgemeinde Emmelshausen – er liegt zwischen Emmelshausen und Kastellaun. Im *Prümer Urbar* wurde der Ort erstmals 893 erwähnt. Später gehörte er zur Niedergrafschaft Katzenelnbogen und war Sitz der Vogtei Pfalzfeld. 1367 wurde die Vogtei als Katzenelnbogener Lehen an die Herren von Braunshorn vergeben. In der Mitte des Ortes steht eine Kopie der keltischen *Flammensäule* (vermutlich ursprünglich eine Kultsäule aus der Latènezeit, 5.-1. Jahrhundert v. Chr. – 1649 gefunden, aus dem 4. Jahrhundert v. Chr. stammend, Original im Rheinischen Landesmuseum Bonn).

Kastellaun (bis zum 6. Dezember 1935 Castellaun geschrieben) wird erstmals 1226 urkundlich als *Kestilun* erwähnt. Die gleichnamige Burg wurde im selben Jahrhundert erbaut und gehörte den Grafen von Sponheim;

nach deren Aussterben 1437 fiel das Amt Kastellaun an die Herren von Pfalz-Zweibrücken und Baden. 1820 kam die Burg in Privatbesitz und wurde 1884 von der Stadt erworben. Nach mehreren Sanierungen und Restaurierungen wurde in der Burg als *Haus der regionalen Geschichte* am 9. September 2007 ein Dokumentationszentrum eingeweiht.

Für einen Besuch oder Urlaub im Hunsrück wird heute mit folgenden Charakteristika dieses Mittelgebirges geworben:
Stille Hochtäler und tiefe Wälder, weite Felder und Fachwerk-Dörfer, versteckte Burgruinen und immer wieder frei Natur – der Hunsrück hat einen ganz eigenen, manchmal herben Charme…
(Dumont Bildatlas Hunsrück Naheland · Rheinhessen, 2. Aufl. 2012)

Zur Vorbereitung einer Reise auf den Spuren der beiden Bonner Professoren HARLESS und BISCHOF besorge ich mir eine topographische Karte und über Antiquariate den Grieben-Führer sowie Dumont-Kunstführer.

HARLESS fährt fort:

Eine speziellere Darstellung der o r y k t o g n o s t i s c h e n Beschaffenheit der Gebirgsgegend, in welcher der Lamscheider Brunnen quillt, überlasse ich, als außer den engen Gränzen dieser Bogen liegend, erfahrenen, ausgezeichneten und mit den Gebirgsarten des Hundsrückes genau bekannte Mineralogen. Von dem südlichen und westlichen Theil des Hundsrücks haben der würdige Herr Bergmeister S c h m i d t zu Siegen und Herr B u r c a r d, jetzt, Bergwerksbeamter zu Mexiko, sehr vollständige und lehrreiche Darstellungen der oryktologischen Verhältnisse in dem 4ten band der, von unserem verehrten Freund und Collegen, dem Hrn. Ober-Bergrath und Prof. N ö g g e r a t h, herausgegebenen Zeitschrift: die Gebirge Rheinlands und Westphalens geliefert. Von dem nördlichen, worin Lamscheid liegt fehlt bis jetzt noch eine solche speciellere Oryktologie. Im Allgemeinen bemerken wir hier, daß die in ihm herrschende Gebirgsart und namentlich in dem ganzen Distrikt, in welchem der Brunnen liegt,

Thonschiefer mit Sand vermengt, oder schiefrige und körnige Grauwacke, stellenweise durchsetzt von Thoneisenstein (gemeinem und auch sandigem und schiefrigem), und auch von Sandstein jüngerer Formation, und bedeckt mit sandigem Thonmergel ist. Der Hügel, an dessen Fuß die Quelle entspringt, hat denselben sandigen und eisenschüssigen Thonschiefer zum Grundgestein, und sandigen Thonmergel zur Bedeckung. Von Trapptuff, Trachyt, und Basalt kommt in diesem Gebirgsstock nichts vor, überhaupt keine Gesteine vulkanischen Ursprungs, oder von vulkanischen Wirkungen zeugend: sowie auch der ganze Umriß der dortigen Hügel, und aller benachbarten Bergkuppen des Hundsrücks, völlig verschieden von dem der Kegel und Kuppen der auf dem linken Moselufer liegenden Eifel mit ihren Kratern und ihren Maaren, gar kein vulkanisches Gepräge hat. Das Steinkohlenflötzgebirge, welches den südlichen und südöstlichen Theil des Hundrückes in mächtigen Lagerungen in einer Länge von 12 Meilen und einer Breite von 3-4 Meilen (S c h m i d t) durchstreift, und abwechselnd mit buntem Sandstein, mit jüngerem Sandstein, und mit Flötzkalkstein bedeckt ist, und nach Norden größtentheils durch die N a h e begränzt wird, erreicht nicht mehr die Gegend von Lamscheid, sondern wird länsgt vorher von dem erwähnten Thonschiefergebirge, mit untergeordneten Lagen von Thoneisenstein, Sandstein und Kalkstein von verschiedener Formation aufgenommen. Diese Gebirgsbeschaffenheit läßt somit auch auf keine gleichen Bildungs- und Unterhaltungsverhältnisse der Lamscheider Quelle, wie es die unzweifelhaft vulkanischen Quellen der Eifel und in der Laacher und Brohler Gegend sind*) schließen.

*) Diejenigen unserer Leser, welche sich für die Kenntniß dieser, sowohl in Hinsicht auf die ehemalige Vulkanität der Gegend und ihrer muthmaßlichen Bildungsverhältnisse, als in mehrerer anderer Hinsicht, besonders auch durch ihre bedeutenden Heilkräfte, merkwürdigen Mineralquellen der Eifel des Moselthals und des Niederrheinthals interessiren, werden in folgenden Schriften, die die Verf. seit Kurzem herausgegeben haben, über mehrere dieser Mineralquellen und ihre örtlichen, physisch-chemischen Verhältnisse, zum Theil auch über ihre Heilwirkungen, nähere Nachricht, und von einigen selbst eine specielle Beschreibung finden: 1) Die vulkanischen Mineralquellen Deutschlands dund Frankreichs etc. von Gustav Bischof, auch mit dem zweiten Titel: Chemische Untersuchung der Mineralquellen zu Geilnau, Fachingen und Selters, Bonn 1826.

2) Die Mineralquelle zu Roisdorf, unweit Bonn, physikalisch und chemisch untersucht von Gustav Bischof, Bonn, 1826. 3) Die vorzüglichen salinischen und eisenhaltigen Gesundbrunnen im Großherzogthum Niederrhein, insbesondere die Mineralquellen zu Roisdorf, Heppingen, Tönnestein, Heilbrunn, und Godesberg, nebst einem Ueberblick über die Mineralquellen der Eifel, des Mittelrheins, und des Hundsrücks, von Dr. Chr. Fr. Harleß, Hamm 1826. 4) Das Bad zu Bertrich, im Großherzogthum Niederrhein, nebst einem Ueberblick über die Merkwürdigkeiten der vulkanischen Eifel. Von Dr. Chr. Fr. Harleß. Coblenz 1827. 412 Seiten. (Diese Schrift kommt so eben erst (Ende März) aus der Presse, und ist noch nicht in dem Buchhandel ausgegeben, wird dieses aber binnen wenigen Wochen seyn.)

Man sollte daher auch aus der Analogie der Lagerungsverhältnisse dieser und anderer auf vulkanischem Urboden quillenden Natronsäuerlingen vermuthen, daß die Lamscheider Quelle k e i n Natron enthielte, welches auch wirklich von einem früheren Analysten dieser Quelle (Herrn F u n k e) so behauptet worden ist. Um so merkwürdiger ist, daß doch wirklich Natrum, wenn schon nur in geringer Quantität, in ihr vorkommt, wie sich dieses aus dem III. Abschnitt von dem chemischen Gehalt und der Zerlegung dieses Mineralwassers näher ergeben wird. Da auch andere Eisensäuerlinge, welche in keinem vulkanischen Revier liegen, und keine basaltischen Massen in ihrer Nähe haben, wie z. B. der Pyrmonter Brunnen, kohlensaures Natrum in beträchtlicher Menge enthalten, so ist wenigstens das Vorkommen dieses Laugensalzes in Mineralwassern nicht in nothwendigem und ausschließlich bedingtem Zusammenhang mit einem ehemals thätig gewesenen Vulkanismus anzunehmen. Wohl läßt sich das Vorkommen von Steinkoglenflötzen in einer Entfernung vom Lamscheider Brunnen, die doch meines Wissens einige Meilen beträgt, mit der Bildung der Quelle selbst, weniger jedoch mit derjenigen seines Natrums, in einer gewissen Verbindung denken, wenn schon anscheinend die Analogie anderer noch mehr in der Nähe mächtiger Steinkohlenlager befindlichen kalten und warmen Natronsäuerlinge den über den möglich nächsten Antheil der Kohlenflötze an dem Kohlensäure-Gehalt derselben bestehenden Meinungen mehrere Aerzte und Hydrologen die Hand bietet. Noch mehrerer Wahrscheinlichkeit dürfte die Annahme eines Zusammenhangs naher großer Salzlager und ihrer Auslaugung mit dieser Natronbildung im Lamscheider Brunnen haben. Aber ausserdem, und vielleicht mehr als alles dieß, könnte ja ein eigenthümlicher Natron- und Kali-Gehalt der Grauwacke und des Thonschiefers – dessen genauere Erforschung schon mehrere Mineralogen (so die Herrn G e r h a r d und v o n H ö v e l) so sehr wünschten – die nächste Quelle des Natrons im Lamscheider Wasser seyn.

Den M i n e r a l – B r u n n e n selbst wird der dritte Abschnitt, aus der Feder B i s c h o f s, näher in allen seinen in Betracht kommenden Verhältnissen beschreiben. Vorläufig soll hier nur bemerkt werden, daß wenn er auch bis jetzt in seiner Fassung ganz einfach und schmucklos, und in seiner nächsten Umgebung ohne Verschönerung ist, indem ihn weder stattliche Promenaden und Bosquets, noch hohe Alleen und andere Anlagen, als einige Bäume auf der Westseite nach dem Hause hin umgeben, seine Lage doch so ist, daß sie ohne Schwierigkeiten und mit verhältnißmäßig geringerm Kostenaufwand jede Verschönerung durch Erweiterung und Planirung des Brunnenplatzes, durch Anlegungen von Alleen und Plantagen, von Ruheplätzen etc. gestattet. Der Brunnen liegt nur etwa 30 Schritte von dem Gasthause auf seiner östlichen Seite, um einige Fuß höher als der Fußboden des Erdgeschosses dieses Hauses. Er ist solid in einem 4 ½ Fuß breiten Becken von derbem Niedermendiger basaltischen Stein eingefaßt, von Backstein untermauert, und mit einem ringsum mit Steinplatten belegten steinernen Kranz umgeben, um welchen außen Rasen-Bänke laufen. Er ist oben ganz offen, ohne Bedachung, und wird, sobald nicht mehr geschöpft wird, durch ein Eisengitter geschlossen. In früherer Zeit konnten alle vorübergehenden Landleute aus ihm, so oft und so viel sie wollten, trinken und Wasser in Krügen schöpfen. Dieser mußte naher allerdings in der Art geändert werden, daß es außerhalb bestimmter Schöpfstunden des Morgens und des Abends, für welche noch besondere Vorschriften zur Vermeidung jeder Verunreinigung oder muthwilligen Unfuges mit zerbrochenen Geschirren etc. bestehen, und streng aufrecht erhalten werden müssen, in den übrigen Tagesstunden nur gestattet ist, an dem Ablauf Wasser zu schöpfen, während dem der Brunnen mit dem eisernen Gitter verschlossen bleibt. Die Landleuten der ganzen Umgegend auf mehrere Stunden weit lieben diesen Brunnen sehr, schöpfen aus ihm jeden Morgen wenn sie ihr Weg in seiner Nähe vorbei führt, und bedienen sich seiner als gewöhnliches Getränke, gar oft im Uebermaas.

Ganz nahe an dem Brunnen, über dem Fahrweg, steht ein kleines zu ihm gehöriges Gebäude, nur von Fachwerk aufgerichtet, welches das K r u g - M a g a z i n für die gefüllten, verpichten, und zur Versendung kommenden Krüge enthält. Diese Krüge sind aus gutem Thon sehr gut gebrannt, mit einem in dem Thon eingedrückten Wappen, die Umschrift L a m s c h e i d enthaltend, versehen, und werden mit aller Sorgfalt verkorkt und recht gut verpicht, so daß sich in ihnen das Wasser mit aller Sicherheit gegen das Zerspringen (außer etwa bei großer Sonnenhitze, oder bei nachläßigem Packen oder Aufrechtstellen) weit verfahren läßt, und sich lang in seiner Güte und seinem frischen angenehmen Geschmack erhält. Ehemals, wo die Versendung des Lamscheider Wassers bei weitem bedeutender war, reichte wohl öfter der ganze Raum dieses Brunnen-Magazins kaum hin, um die Menge der zur Versendung bestimmten Krüge bequem zu fassen. Jetzt, wo der Raum überflüssig vorhanden ist, hat Herr D'Avis auf eine recht lobenswerthe und nützliche Weise einen Theil desselben, mittelst Durchschlagung mit Wänden, zu einer paar v o r - l ä u f i g e n kleinen Badekabinetten, mit Wannenbädern, und einer kleinen Badeküche benutzt, welche auch bereits im vorigen Sommer fleißig gebraucht wurden. Die getroffene Einrichtung zu diesen Bädern ist freilich nur noch sehr im Kleinen gehalten, und läßt noch Manches vermissen. Sie soll aber auch nur eine interimistische seyn, bis Hr. D'Avis sich durch zunehmende Frequenz von Badelustigen bewogen finden wird, ein *größeres Etablissement für Bäder mit vollständigerer Einrichtung zu erbauen.*

Ein solches Unternehmen eines wenigstens 12-15 Bäder, in Stein gelegt, fassenden B a d e h a u s e s würde allerdings für den Lamscheider Brunnen sehr wünschenswert seyn, und ihn bald zu immer größerm Ruf erheben. Es würde sich auch bei der erhebenen Lage der Quellsohle, welche das hinreichendste Gefäll nach dem gegen über wenigsten 10 Schuh tiefer liegenden Thalgrund (oder dem Fußboden des dort zu errichtenden Gebäudes) haben würde, bei der Kürze und Leichtigkeit der Röhrenleitung, und bei der ansehnlichen Wassermenge (s. den dritten Abschnitt) sehr gut, und mit weit weniger Schwierigkeit und Kosten-Aufwand, als in manchen andern in ihrer Lage viel minder begünstigten Badehäusern, ausführen lassen. Und es würden selbst sehr füglich und zweckmäßig sein Bau und seine Einrichtung dahin erweitert werden können, daß statt der obenbemerkten, vom Herrn D'Avis beabsichtigen, Vergrößerung des jetzigen Gasthause, zu Wohnungen für mehrerer Kurgäste, diese Wohnungen, mit Kursaal und andern Bequemlichkeit, in das Badegebäude mittelst eines aufzusetzenden Stockwerkkes, oder eines Anbauees, verlegt würden. Durch Anlagen rings herum ließe sich alsdann dieses Gebäude mit dem Gasthaus, dessen Verschönerung jedenfalls mit in dem Plane seyn würde, in einem sehr schönen und recht zweckmäßig anzulegenden Ganzen vereinigen, welches dieser ganzen Gegend des Hundrückes nicht nur zu einer besondern Zierde, und zum Vergnügungs- und Erholungsort vieler Einheimischer und Fremden dienen, sondern auch gerade für diesen ganzen nördlichen und westlichen Theil des Hundrückes, welcher in einem weiten Raume von vielen Meilen (westlich nach Lothringen hin mehr als 25 Meilen) gar keine andere salinisch-martialische Mineralquellen von Bedeutung hat, von dem größten Nutzen und höchst wünschenswerth seyn.

Der ganze Hundsrücken ist an Mineralquellen, im Vergleich zu der an ihnen so überreichen Eifel, äußerst arm. Kaum hat er deren mehr als 3-4 von Bedeutung, und gar keine in seinem ganzen südlichen Distrikt, welcher die größten Steinkohleflätze enthält. In seinem östlichen Theil liegen zwar (am diesseitigen Fuß des Hochwaldes) die dem Lamscheider Brunnen analogen und allerdings auch sehr kräftigen und schätzbaren Sauerquellen zu S c h w o l l e n und H a m b a c h, im Oldenburgischen Fürstenthum Birkenfeld, etwa 7 Meilen von Lamscheid; sie entbehren aber auch einer, zu einer vollständigen Trink- und Badekur-Anstalt erforderlichen Einrichtung, und werden blos von den Einwohner der Umgegend getrunken. Doch dürftkräftigen Aufhülfe und Herstellung s e h r werth seyn. (Der nächste vollständig eingerichtete Kurort an L a m s c h e i d ist B e r t r i c h (10 oder 11 Stunden nördlich), und diese Nähe ist selbst für beide Quellen vortheilhaft, indem sie denjenigen Kurgästen, welche nach dem Gebrauch der trefflichen Therme zu Bertrich noch einer Nachkur durch ein stärkendes Stahlwasser bedürfen sollten, den Gebrauch derselben an dem Lamscheider Brunnen, – nachdem einmal die Kuranstalten an diesem vollständig eingerichtet seyn werden – sehr bequem macht. Um das Doppelte entfernt ist der B i r r e s b o r n e r Brunnen – ein ebenfalls sehr vorzüglicher und noch bedeutend salzreicherer Stahlquell, und beinahe eben so weit der schätzbare T ö n n e s s t e i n e r Brunnen, beide aber ohne Kur-Einrichtungen, und R o i s d o r f, ebenfalls ohne Kuranstalten. G o d e s b e r g, mit seinem sehr schönen und kräftigen Brunnen, und seinen imposanten Gebäuden, aber sehr schlechten Badeeinrichtungen, und jenseits des Rheins das berühmte Ems und das kraftvolle Schwalbach, sind schon zu entfernt, um als gefährliche Rivale gelten zu können, und letztere beide auch in ihrem großen Wirkungskreise schon einer solchen Rivalität nicht ausgesetzt. Aber freilich sind die Kosten, welche eine ssolche Kur- und Badehaus-Einrichtung zu Lamscheid auch bei der größten Einfachheit erfordern würde, für einen Privatmann immer so bedeutend, daß sie nur unter der gewisseren Voraussetzung, der Besuch des Brunnens werden auch zahlreich genug werden, um sie mit der Zeit zu ersetzen, angelegt werden können. Daher wird vermuthlich in den nächsten Jahren der Herr Besitzer des Brunnens die Verschönerungen und Anlagen nur erst auf sein Haus und seine Gärten beschränken. Sollte derselbe aber, nach unserem ihm sehr nahe gelegten Wunsch, an die Unternehmungen eines neuen Badegebäudes noch früher gehen, so ist ihm für diese die beste und aufmunterndste Unterstützung von Seiten der Königl. Regierung in Coblenz s e h r zu wünschen.

Nach diesem Abschnitt folgt das Kapitel „II. Zur Geschichte der Quelle", das bereits zitiert und erläutert wurde.
HARLESS nennt einige damals bedeutende Mineralquellen – *Schwollen, Hambach, Bertrich, Birresborn, Tönnistein, Roisdorf und Godesberg* –, von denen einige auch von BISCHOF untersucht und beschrieben wurden. Die Geschichte und Bedeutung von Hambach und Schwollen wird im Folgenden kurz erläutert – s. den übrigen Quellen s. ausführlich in G. Schwedt, Mineral- und Heilwässer vom Rhein, von der Ahr uund der Eifel (Bonn 2011).

HAMBACH
Die Mineralquelle ist noch heute zugänglich – als Sauerbrunnen bei Oberhambach im Birkenfelder Land. Aus der Geschichte ist bekannt, dass schon in der zweiten Hälfte des 16. Jahrhunderts hochgestellte Persönlichkeiten aus Süddeutschland, Lothringen und dem Elsaß die Quelle aufgesucht haben. Im Dreißigjährigen Krieg wurde der Badebetrieb eingestellt. In badischer Zeit wurde 1784 bis 1788 ein neues Kurhaus erbaut und daneben auch eine Krugbäckerei (zum Versand des Wassers) mit einer Wohnung für den Krugbäcker. Jährlich wurden bis zu 60.000 Krüge versandt – bis nach St. Petersburg. Während der französischen Revolution wurde der Kur- und Badebetrieb eingestellt, ab 1797 bis 1813 das Kurhaus als französisches Lazarett genutzt. Als französisches

Nationaleigentum wurde das Badehaus bereits 1807 auf Abbruch versteigert.

Im „Quellenatlas" (www.quellenatlas.eu) wird die Anfahrt von der Hunrückhöhenstraße (auf die B 249) wie folgt beschrieben: „Abzweigung nach Hattgenstein/Oberhambach, dann direkt rechts am Parkplatz".

SCHWOLLEN

1784 erschien Dr. Friedrich Wilhelm MALER, *des Oberamts Birkenfeld und mehrere Aemter Physicus*, das Buch: *Geschichte, Bestandtheile und Wirkungen des Hambacher und Schwollener Sauerbrunnens im Hinter-Sponheimischen Oberamt Birkenfeld auf Hochfürstlich Markgräflichen Badischen gnädigsten Befehl verfaßt…"*

Im 13. Jahrhundert gehörte die fränkische Siedlung *Birkinvelt* zum Besitz der Grafen von Sponheim. Nach dem Tod des letzten Grafen von Sponheim 1437 ging das Erbe an die Markgrafen von Baden. 1776 wurde Birkenfeld unter dem Markgrafen Karl Friedrich von Baden (1728-1811) sogar Sitz des Oberamtes der Markgrafschaft Baden. 1817 fiel das Fürstentum Birkenfeld (nach dem Wiener Kongress 1814-1815) an das Großherzogtum Oldenburg.

Und so erschien ein weiteres Buch über die Quellen in Hambach und Schwollen 1840 von Heinrich Christoph *Rieken* (*Leibarzt Sr. Majestät, des Königs der Belgier…*) unter dem Titel „*Die eisenhaltigen Mineralquellen zu Hambach und Schwollen im Grossherzoglich Oldenburgischen Fürstenthum Birkenfeld: mit Hinweisung auf die Geschichte, Lage und Eigenthümlichkeiten dieses Fürstenthums.*

Der allgemein zugängliche Sauerbrunnen von Schwollen befindet sich südlich von Morbach von der B 327 (Hunsrückhöhenstraße) auf die B 269, dann in Richtung Schwollen zur Straße „Am Sauerbrunnen" an den Wasserabfüllwerken vorbei auf der linken Seite an der Einmündung der Straße „Zum Schwimmbad".

Zur Biographie von Karl Gustav BISCHOF

Der 3. Teil der Veröffentlichung stammt, wie Harless bereits schrieb, von seinem Kollegen Karl Gustav Bischof, Chemiker und Professor ebenfalls der Universität Bonn.

Karl *Gustav* BISCHOF wurde am 18. Januar 1792 in Wörth (Wöhrd) bei Nürnberg geboren. Sein Vater Karl August Leberecht Bischof (1762-1814) war dort als Collaborator (hist. Bezeichnung für einen an einer Latein- oder Gelehrtenschule wirkenden Hilfslehrer) tätig. Der Sohn erhielt den ersten wissenschaftlichen Unterricht durch den Vater, der mehrere wissenschaftliche Werke – u.a. „Vorlesungen über die vornehmsten Gegenstände der Natur, 2 Bände, 1799-1800" – verfasste. Karl Gustvi Bischof studierte ab 1810 an der Universität in Erlangen, zuerst Mathematik und Philosophie, dann Chemie und Physik. Am 5. August 1814 erhielt er den akademischen Titel *Mag. sive Dr. phil.* und die *Venia legendi* für Chemie und Physik der Universität Erlangen. Am 5. Mai 1816 wurde er zum Lehrstuhlvertreter für Chemie und Physik und am 1. Oktober 1818 zum ao. Professor ernannt. 1819 kam er als ao. Professor für Chemie und Technologie nach Bonn. Als der Bonner Lehrstuhlinhaber für Chemie und Physik Karl Wilhelm Gottlob Kastner, Lehrer von Justus Liebig, 1821 nach Erlangen gegangen war, wurde Bischof 1822 auch zum o. Professor für Chemie, *spez. Chem. und Phys. Geologie*, sowie zum Direktor des Chemischen Laboratoriums und des Technologischen Kabinetts an der Universität Bonn ernannt, wo er 1863 im Alter von 71 Jahren emeritiert wurde. 1841/42 war er auch Rektor der Universität. Er starb am 30.11.1870 in Bonn.

In den „Annalen" der Rheinischen Friedrich-Wilhelms-Universität" (1943) wird er wie folgt gewürdigt:

„Bischof war ein gewissenhafter Lehrer und ein tüchtiger, besonders praktische begabter Chemiker, der durch die Analysen zahlreicher Mineralquellen in der Eifel den Anstoß zur ihrer Verwendung zu Trnk- und Badekuren gab. Auch geht auf ihn die Gründung der Bleiweißfabrik in Burgbrohl durch die Brüder Rhodius zurück. Sein wissenschaftliches Interesse wandte sich schon frühzeitig mehr und mehr geologischen und paläontologischer Studien zu. So entstand sein bedeutendstes Werk das Lehrbuch der chemischen und physikalischen Geologie, das seinerzeit großes Aufsehen erregt hat."

Hinzuzufügen ist sein 1824 erschienenes Werk „Die vulkanischen Mineralquellen Deutschlands und Frankreichs", über das der Münchner Geologe Carl Wilhelm Gümbel (1823-1898) in der Allgemeinen Deutschen Biographie (ADB) 1875 schrieb, das es *„gerechtes Aufsehen durch die wichtigen Folgerungen über den Vulkanismus, welchen der Verfasser auf Grund sehr zahlreicher selbst vorgenommener chemischer Analysen von vielen Quellen, namentlich von Säuerlingen und sorgfältiger physikalisch-geologischer Untersuchungen in der vulkanischen Eifel, fester zu begründen versuchte."*

Physikalische und chemische Untersuchung des Lamscheider Mineralwassers.

I. Physikalische Untersuchung.

a. Temperatur des Wassers.

Die Temperatur des Wassers scheint sich nicht immer gleich zu bleiben. Ich fand sie am 9ten September 1826 Nachmittags bei + 14°,5 R. Luftwärme gleich 8°,25 R.; dagegen den 10. Sept. Morgens 6 Uhr bei + 6°,6 Luftwärme nur 7°,5.

H a r l e ß und Apotheker S c h ü t z in St. Goar fanden sie am 8. August 1826 bei + 21° R. Luftwärme gleich 8° R.

Specifisches Gewicht.

Diese Bestimmung wurde durch Abwägen in einem Fläsch'chen mit eingeriebenem Glasstöpsel gemacht, welches bei 0° R 1000 Gran reines Wasser mißt. Auf diese Weise ergab sich das spec. Gewicht 1,0013986 bei +8°,25 R. Temperatur des Wassers.

Durchsichtigkeit des Wassers.

Das frisch geschöpfte Wasser ist vollkommen klar und hell. An den Seitenwänden des Glases setzen sich viele Gasbläschen an, die nach und nach in die Höhe steigen.

Wasser, welches in einem offenen Glase mehrere Stunden lang steht, bildet auf der Oberfläche eine Haut oder einen Rahm. Wasser, welches selbst in einer mit einem Glasstöpsel vollkommen luftdicht verschlossenen Flasche aufbewahrt wird, setzt dennoch in einigen Tagen gelben Eisenocher ab. Eben dasselbe erfolgt in den steinernen Krügen, worin das Wasser versandt wird.

Geschmack.

Der Geschmack des frischen Wassers ist angenehm erfrischend und eisenhaft. Durch die viele freie und halbgebundene Kohlensäure wird das Geschmacksorgan angenehm gereizt und ein gelindes Prickeln in der Nase hervorgebracht.

Setzt man zu dem Mineralwasser Moselwein und Zucker, so erhält man ein wohlschmeckendes, erfrischendes und sehr stark brausendes Getränk.

Das abgekochte Wasser hat einen faden Geschmack.

Geruch.

Das Wasser reicht weder faulig noch nach Schwefelwasserstoff, sondern ist völlig geruchlos.

Luftschicht über dem Wasserspiegel.

Der Raum in der Brunnenfassung über dem Wasserspiegel ist beständig mit einer Schicht Kohlensäuregas angefüllt, wie man dieß deutlich bemerkt, wenn man sich mit dem Kopfe in die Brunnenfassung hineinbückt.

Gasentwicklung aus dem Wasser.

Es steigen unaufhörlich aus dem Wasser Gasblasen auf, so daß das Wasser zu kochen scheint. Ich fing dieses Gas in einem mit Mineralwasser angefüllten, und damit gesperrten Glas, mittelst eines Trichters auf, und brachte es mit Aetzlauge in Berührung. Es wurde davon bis auf eine sehr kleines Bläschen verschluckt.

Eine Wiederholung des Versuchs im Laboratorium gab
Kohlensäure   99,19 Maaß
Gas, welches von der Aetzlauge nicht verschluckt wurde   0,81 "
                                                         100,00

Das rückständige Gasbläschen betrug zu wenig zur nähern Prüfung.

Die Zusammensetzung dieses Gases spricht abermals gegen die Ansicht einer Entstehung der Kohlensäure durch unterirdisches Verbrennen Kohlenstoffhaltiger Substanzen, auf Kosten der atmosphärischen Luft. Vergl. meine Schrift >die vulkanischen Mineralquellen Deutschlands und Frankreichs etc. Bonn 1826. S. 251 und f.< und die Mineralquellen zu Roisdorf u. s. w. Bonn 1826. S. 42.<

Ursprung und Fassung der Quelle.

Die Quelle kommt aus Thonschiefer, und zwar aus neun verschiedenen Spalten. Diese 9. Quellen sind gefaßt durch eine Backstein-Gemäuer, welches mit Traß aufgemauert ist. Auf dem Backstein-Gemäuer sitzt der steinerne Sarg und hinter demselben ist noch eine Mauer von 2 ½ Fuß Dicke zur Abhaltung des wilden Wassers.

Ergiebigkeit der Quelle.

Die Tiefe des Brunnens bis zum Abflußcanal maß ich zu 34 Zoll 6 Lin. Rheinl. und den innern Durchmesser der Fassung zu 31 Zoll 2 Lin. Der Cubikinhalt der ganzen Wassermasse ist demnach 15 Cub. Fuß 386,34 Cub. Zoll. Nachdem die Quelle ganz ausgeschöpft worden, verstrichen 21 Minuten, bis das Wasser wieder zum Abflußcanal hinaufgestiegen war. In einer Stunde liefert daher die Quelle 43 Cub. Fuß 857 Cub. Zoll, und in 24 Stunden 1043 Cub. Fuß 1576 Cub. Zoll, und in einem Jahr 381028 Cub. Fuß 108 Cub. Zoll Rheinl. Wasser. Diese Quelle gehört folglich zu den sehr ergiebigen Mineralquellen.

Absatz in den Abflußcanälen.

Der Absatz in den Abflußcanälen ist ein Eisenoxydhydrat, welches etwas kalkhaltig ist.

[Umrechnung der Volumenangaben: *Rheinfuß* (preuß.) 1 Fuß = 31,38535 cm – 1 Zoll = 1/12 Fuß = 2,615446 cm; in 1 h: *43 Cub. Fuß 857 Cub. Zoll Rheinl.* = 1,345 m^3 = **1345 Liter je Stunde** (gerundet)]

Die nun folgenden Ergebnisse der qualitativen chemischen Analyse werden vollständig zitiert. Sie sind noch heute in der gleichen und auf einfache Weise nachvollziehbar. Die Ergebnisse bzw. Beobachtungen werden jeweils in eckigen Klammern und kursiv gesetzt auch erläutert.

II. Chemische Untersuchung.

A. Prüfung durch Reagentien an der Quelle selbst.

1. Lackmustinctur in beträchtlicher Menge dem Mineralwasser zugesetzt wurde sehr stark geröthet. Lackmuspapier wurde ebenfalls stark geröthet; die Röthung verschwand aber wieder, als das Papier einige Zeit an der Luft gelegen hatte.
   [*Nachweis der sauren Reaktion durch das im Wasser gelöste Kohlendioxid*]
2. Weder Lackmustinctur noch Lackmuspapier rötheten sich im mindesten im gekochten Wasser.
   [*Beim Kochen des Wassers wird das flüchtige Kohlendioxid entfernt; zugleich findet eine Umwandlung von Hydrogencarbonat in Carbonat statt, so dass die Lösung neutral bis schwach alkalisch reagiert.*]
3. Salpetersäure entwickelte aus dem frischen Wasser viele Gasblasen.
   [*Die starke Salpetersäure verdrängt die schwache „Kohlensäure" als gasförmiges Kohlendioxid aus dem Mineralwasser.*]
4. Schüttelt man frisch geschöpftes Wasser in einer Flasche, indem man die Mündung derselben mit dem Daumen fest zuhält, so entweichen die dadurch aus dem Wasser entwickelten Gasarten beim nachherigen Oeffnen mit einem Knalle, welches auf die bedeutende Menge der Kohlensäure schließen läßt.
5. Kalkwasser trübte das Mineralwasser stark; durch Zusatz einer größeren Menge von letzterem verschwand jedoch die Trübung wieder.
   [*Kalkwasser ist eine Lösung von Calciumhydroxid. Beim Zusatz des Mineralwassers entsteht aus dem Hydrogencarbonat infolge der basischen (alkalischen) Reaktion Carbonat – es bildet sich schwer lösliches Calciumcarbonat. Ein Überschuss an Mineralwasser verschiebt das Gleichgewicht wieder zum Hydrogencarbonat – das Calciumcarbonat löst sich wieder auf.*]

6. Curcumapapier wurde weder von ungekochtem noch gekochtem Wasser gebräunt. Dagegen bemerkten H a r l e ß und Apotheker S c h ü t z, welche vor mit (am 8. August 1826) eine qualitative Prüfung durch Reagentien an der Quelle vorgenommen hatten, daß Curcumapapier, welches in bis zum Sieden erhitztes Mineralwasser gehalten wurde, sich bräunte, und geröthetes Lackmuspapier in demselben wieder völlig blau wurde. Aus der nachfolgenden quantitativen Analyse wird sich allerdings die Gegenwart eines kohlensauren Alkali, aber in so geringer Menge, ergeben, daß man kaum noch eine Reaction auf Curcumapapier hätte erwarten sollen, wie ich den auch keine bestimmte wahrgenommen habe. [*Curcuma verfärbt sich nur in alkalischer Lösung.*]
7. Salzsaure Baryt-Lösung trübt weder das ungekochte noch das gekochte Wasser. H a r l e ß und S c h ü t z wollen aber doch eine sehr geringe Trübung wahrgenommen haben; wie denn auch wirklich die nachfolgende quantitative Analyse die Gegenwart eines schwefelsauren Alkali, aber freilich in außerordentlich geringer Menge, nachgewiesen hat. [*Fällung von schwer löslichem Bariumsulfat als Sulfat – kaum nachweisbar.*]
8. Salpetersaures Silberoxyd brachte eine sehr schwache Trübung hervor, die in gekochtem Wasser etwas stärker zu seyn schien. Nach einiger Zeit nahm das Wasser eine röthliche Färbung an. [*Chlorid-Nachweis als Silberchlorid, das durch Licht zerfällt – rötliche Färbung durch kolloidales Silber.*]
9. Sauerkleesaures Ammoniak trübte sehr stark das ungekochte Wasser, aber auch das gekochte, jedoch viel schwächer. [*Calcium-Nachweis als Calciumoxalat – nach dem Kochen ist Calcium zum Teil als Calciumcarbonat ausgefallen.*]
10. In der von dem Niederschlag durch sauerkleesaures Ammoniak abfiltrirten Flüssigkeit brachte basisch phosphorsaures Ammoniak eine schwache Trübung hervor. [*Nachweis von Magnesium als Phosphat.*]

11. Aetzlauge trübte sogleich das Wasser. Im gekochten Wasser schienen einige Flocken sich abzusondern. [*Fällung von Calcium- und Magnesiumhydroxiden bzw. basisches Salzen.*]
12. Aetzammoniak trübte stark, und es schieden sich Flocken ab, welche eine schwach gelbliche Farbe hatten. In gekochtem Wasser zeigte sich keine Reaction. [*Gleiche Reaktion wie Nr. 11 – s. dazu auch Nr.9.*]
13. Blaulauge färbte das Wasser sogleich hellblau, und die blaue Farbe wurde nach und nach dunkler. Nach mehreren Stunden fiel Berlinerblau zu Boden. [*Mit „Blaulauge" ist das gelbe Blutlaugensalz – Kaliumhexacyanoferrat(II) – gemeint, das mit Eisen-Ionen das Berliner Blau bildet.*]
14. Galläpfeltinctur färbte das Wasser sogleich violett und nach und nach immer dunkler. Endlich nach mehreren Stunden wurde die Flüssigkeit zur völligen Dinte. [*Nochmals Nachweis für Eisen – als Komplex mit der Gallussäure.*] - quantitative Ergebnisse dazu s. S. 85/86.

DAS FAZIT:

Aus der Analyse des L a m s c h e i d e r Mineralwassers ergiebt sich nun, daß es zwar an fixen Bestandtheilen sehr arm, dagegen an freier und halbgebundener Kohlensäure sehr reich ist, indem es darin das F a c h i n g e r, S e l t e r s e r und R o i s d o r f e r Wasser, nach meinen Analysen, übertrifft, und dem G e i l n a u e r Wasser so nahe kommt, daß dieser Gehalt in beiden fast als gleich anzunehmen ist. Was die fixen Bestandtheile betrifft, so zeigt sich hier das eigene Verhältniß, daß die in Wasser unlöslichen, und bloß in der freien Kohlensäure des Mineral- wassers gelößten Besandtheile mehr als 12 Mal so viel, als die in Wasser löslichen Salze betragen, während in den meisten Mineralquellen, welche aus vulkanischem Boden entspringen, viel mehr lösliche als unlösliche Bestandtheile enthalten sind. –

Der kohlensaure Kalk, die kohlensaure Magnesia und das kohlensaure Eisen- und Manganoxydul, als die prädominirenden Bestandtheile, betragen zusammen 8/9, und das Eisen- und Manganoxyd beinahe ¼ der fixen Bestandtheile. Ueberhaupt dürfte hinsichtlich des Eisengehalten das L a m s c h e i d e r Wasser von wenigen Mineralwassern übertroffen werden. Selbst die P y r m o n t e r Trinkquelle hält nach B r a n d e s und K r ü g e r [*) nur 0,7389 Gran kohlensaures Eisenoxydul in 16 Unzen Wasser, welches auf 1000 Th. Wasser reducirt nur 0,962 Gran ausmacht; nach S t r u v e [**) gar nur 0,64 Gran. ([*)] Pyrmonts Mineralquellen 1821. S. 254. Taf. [**)] Die künstlichen Mineralwasser S. 108) Wir dürfen unser Mineralwasser daher mit Recht zu den stärksten kohlensauren Stahlwassern zählen, und dieß um so mehr, da wegen des so sehr geringen Gehaltes der übrigen Bestandtheile die Wirkungen der Kohlensäure und des Eisens auf den Organismus immer die prädominirenden bleiben werden. Eine Ausscheidung des größern Theils des Eisens, während des Transportes in den Krügen, findet freilig bei dem L a m s c h e i d e r Mineralwasser wie bei allen eisenhaltigen Mineralwassern statt, weshalb allerdings in allen Fällen, wo vorzugsweise von dem Eisen eine therapeutische Wirkung beabsichtigt wird, das Wasser an der Quelle selbst zu trinken seyn dürfte. Indeß hat doch die Analyse dargethan, daß selbst in dem versandten Wasser immer noch eine nicht unbedeutende Menge Eisen vorhanden ist.

    Schließlich bemerke ich noch in Beziehung auf die chemische Constitution des L a m s c h e i d e r Mineralwassers, daß die Reaction des gekochten Wassers auf sauerkleesaures Ammoniak die Gegenwart eines Kalksalzes, dessen Säure nicht Kohlensäure ist, andeutet, welches im Widerspruche mit dem Vorhandenseyn des kohlensaures Natrons ist. Allein berücksichtigt man die so sehr verdünnte Lösung des kohlensauren Natrons, als welche sich das Wasser darstellt, so ist damit sehr wohl die Coexistenz eines Kalksalzes vereinbar. Nach dem Abrauchen bis zur Trockenheit konnte sich freilig kein solches neben dem kohlensauren Natron vorfinden, und daher habe ich es auch nicht unter den Resultaten der Analysen aufführen können.[*)]
([*)] Vergl. hierüber den 4ten Abschnitt meiner vulkanischen Mineralquellen.)

DER SAUERBRUNNEN HEUTE

Die historischen Brunnengebäude im Ortsteil Sauerbrunnen von Lamscheid in der Nähe von Leiningen bzw. Emmelshausen im August 2013 – gegenüber auf der anderen Straße befindet sich eine Informationstafel:

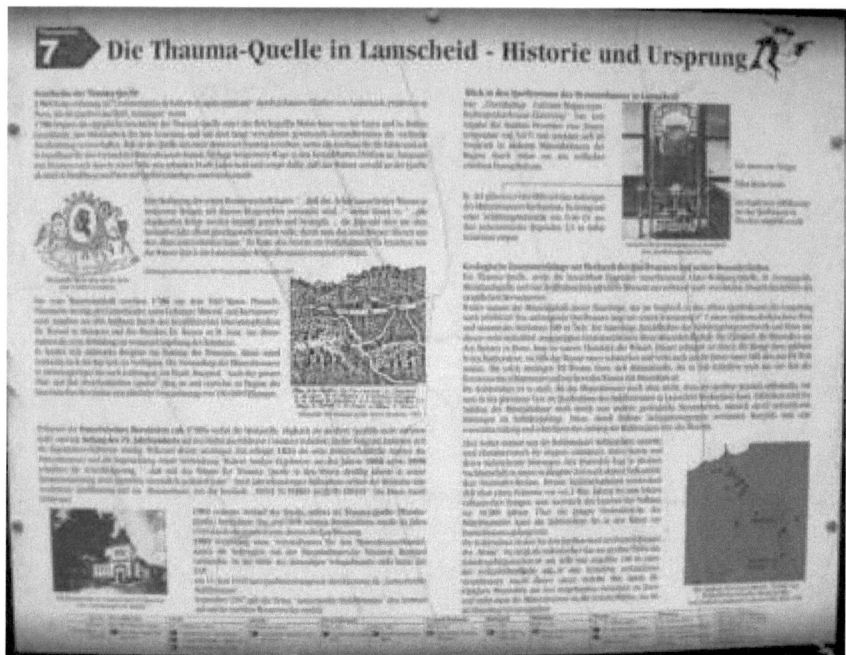
Foto Schwedt (August 2013)

Geschichte der Thauma Quelle

1565 Ersterwähnung im „Commentaris de balneis et aquis medicatis" durch Johannes Günther von Andernach, Professor in Paris, der als Quellort das Dorf „Leuningen" nennt.

1780 begann die eigentliche Geschichte der Thauma-Quelle unter der Reichsgräfin Maria Anna von der Leyen und zu Hohen Geroldseck. Aus Dankbarkeit für ihre Genesung und um dem lange verwahrlost gewesenen Gesundbrunnen die verdiente Anerkennung zu verschaffen, ließ sie die Quelle mit einer steinernen Fassung versehen, sowie ein Kurhaus für die Gäste und ein Versandhaus für den Verkauf des Mineralwassers bauen. Sie legte bequemere Wege zu den benachbarten Dörfern an, benannte den Brunnen nach dem in seiner Nähe neu erbauten Dorfe Lamscheid und sorgte dafür, daß das Wasser sowohl an der Quelle als auch in Straßburg und Paris von Sachverständigen untersucht wurde.

Eine Beifügung der ersten Brunnenschrift lautet: „...daß das ächte Lamscheider Wasser in steinernen Krügen mit diesem Krugzeichen versendet wird..." weiter lautet es: „...alle abgehenden Krüge werden doppelt gepicht und besiegelt, ... die Jahreszahl aber mit dem laufenden Jahr allzeit gleichgestellt werden solle; damit man das neuen Wasser allezeit von dem alten unterscheiden kann." Es hatte also bereits ein Verfallsdatum. Zu beziehen war das Wasser durch das Lamscheider Mineralbrunnen Comptoir in Mainz. (Textauszug aus: Die Thauma Quelle, H. Fresenius 1925)

Die erste Brunnenschrift erschien 1786 mit dem Titel: „Kurze Phisisch-Chemische Anzeige des Lamscheider, sonst Leininger Mineral- und Kurwassers" nach Angaben und Analysen durch den kurpfälzischen Oberamtsphysikus Dr. Wanzel zu Simmern und des Physikus Dr. Ratzen zu St. Goar. Aus dieser stammt die erste Abbildung zur weiteren Umgebung des Brunnens.
Es fanden sich zahlreiche Kurgäste zur Nutzung des Brunnens, ihnen stand zeitweilig auch ein Kur-Arzt zur Verfügung. Die Versendung des Mineralwassers in Steinzeugkrügen bis nach Lothringen, ins Elsaß, Burgund, und „nach der ganzen Pfalz und den oberrheinischen Landen" stieg an und erreichte zur Beginn der französischen Revolution eine jährliche Versandmenge von 180.000 Füllungen.

Während der **Französischen Revolution (ab 1789)** verfiel die Heilquelle, obgleich sie an ihrer Qualität nicht verloren hatte, und war **Anfang des 19. Jahrhunderts** auf ein Fünftel des früheren Umsatzes reduziert. In der Folgezeit änderten sich die Eigentumsverhältnisse ständig. Während dieser unruhigen Zeit erfolgt **1824** die erste wissenschaftliche Analyse des Mineralwassers und die Begutachtung seiner Heilwirkung [durch Bischof und Harleß!]. Weitere Analyse-Ergebnisse aus den Jahren **1868** sowie **1898** erlaubten die Schlußfolgerung, „ ... daß sich das Wasser der Thaum-Quelle in den letzten dreißig Jahren in seiner Zusammensetzung nicht irgendwie wesentlich geändert hatte". Nach jahrzehntelanger Ruhepause erhielt der

Brunnen eine moderne Quellfassung und ein Brunnenhaus mit der Inschrift: „INEST IN FERRO ALIQUID DIVINI" (Im Eisen steckt Göttliches).
1901 erneuter Verkauf der Quelle, seither als Thauma-Quelle (Wunder-Quelle) bezeichnet. Das erst 1898 erbaute Brunnenhaus wurde im Jahre 1910 durch ein neues ersetzt, ebenso die Quellfassung.
1909 Errichtung eines Versandhauses für den Mineralwasserhandel, durch ein Nebengleis mit der Hauptbahnstrecke Simmern Boppard verbunden. An der Stelle des ehemaligen Versandhauses steht heute das ZAP.
Am 11. Juni 1910 laut Quellenschutzgesetz Anerkennung als „Lamscheider Stahlbrunnen".
September 1997 gab die Firma „Lamscheider Stahlbrunnen" den Vertrieb auf und die erteilten Wasserrechte zurück.

Blick in den Quellenraum des Brunnenhauses in Lamscheid

Der „Eisenhaltige Calcium-Magnesium-Hydrogenkarbonat-Säuerling" hat laut Angabe des Instituts Fresenius eine Dauertemperatur von 9,6°C und zeichnet sich im Vergleich zu anderen Mineralwässern der Region durch einen um ein vielfaches erhöhten Eisengehalt aus.

In der gläsernen Vase läßt sich das Aufsteigen des Mineralwassers beobachten. Es dringt mit einer Schüttungsintensität von 0,46 l/s aus drei nebeneinander liegenden 3,5 m tiefen Schächten empor.

Innenansicht des Brunnenhauses in Lamscheid.
Foto: Landeshauptarchiv Koblenz

Die marmorne Treppe führt direkt hinab kupfernen Abfüllanlage, wo das Quell-Wasser in Flaschen abgefüllt wurde.

Geologische Zusammenhänge zur Herkunft des Quellwassers und seiner Besonderheiten

Die Thauma-Quelle, sowie die benachbart liegenden Sauerbrunnen: Claus-Wolfgang-Quelle, St. Georgsquelle, Rheinlandquelle und das Heilbrünnchen sprudeln allesamt aus teilweise stark verwitterten Hunsrückschiefern des urzeitlichen Devonmeeres.

Woher stammt der Mineralgehalt dieser Säuerlinge, der im Vergleich zu den süßen Quellwässern der Umgebung stark erhöht ist? Das aufsteigende Quellwasser zeigt mit seinen konstanten 9° C einen mittleren Bodenwärme-Wert und stammt aus höchstens 100 m Tiefe. Die Säuerlingen durchfließen das Schiefergebirgsstockwerk und lösen aus diesen recht einheitlich ausgeprägten Gesteinsschichten ihren Mineralstoffgehalt. Die Fähigkeit, die Mineralien aus den Steinen zu lösen, liegt im sauren Charakter der Wässer. Diesen erlangen sie durch die Menge ihrer gelösten freien Kohlensäure, sie läßt das Wasser sauer schmecken und wirkt auch auf die Steine sauer, läßt also den PH [pH]-Wert sinken. Bei solch niedrigen PH-Werten lösen sich Mineralstoffe, die in den Schiefern noch aus der Zeit des Devonmeeres schlummern und reichern das Wasser mit Mineralien an.

Die Kohlensäure ist es auch, die das Mineralwasser nach oben treibt, denn die Quelle sprudeln selbständig, wie man in der gläsernen Vase im Quellenhaus des Stahlbrunnens in Lamscheid beobachten kann. Erleichtert wird der Aufstieg der Mineralwässer noch durch eine weitere geologische Besonderheit, nämliche durch tiefreichende Störungen im Schiefergebirge. Diese, durch frühere Gebirgsbewegungen zerrütteten Bereiche sind sehr wasserdurchlässig und erleichtern den Aufstieg der Kohlensäure bzw. des Wassers.

Aber woher stammt nun die Kohlensäure? Kohlensäure-Austritte sind charakteristisch für jüngere vulkanisch aktive Zonen und deren tiefreichende Störungen. Der Hunsrück liegt in direkter Nachbarschaft zu einem in jüngerer Zeit noch aktiven Vulkanfeld, dem Neuwieder-Becken. Dessen Ausbruchsphasen erstreckten sich über einen Zeitraum von vor 2 Mio. Jahren bis zum letzten vulkanischen Ereignis dem Ausbruch des Laacher-See-Vulkans vor 10.000 Jahren. Über die jungen Grabenbrüche des Mittelrheines kann die Kohlensäure bis in den Raum um Emmelshausen gelangt sein.

Die Kohlensäure ist also bei den Quellen rund um Emmelshausen der „Motor". Sie steigt als vulkanisches Gas aus großen Tiefen ins Schiefergebirgsstockwerk auf, trifft hier ungefähr 100 m unter der Geländeoberfläche auf in den Schiefern vorhandenes Grundwasser, macht dieses sauer, verleiht ihm damit die Fähigkeit Mineralien aus den umgebenden Gesteinen zu lösen und treibt dann die Mineralwässer an die Erdoberfläche, wo sie als Säuerlinge herausquellen."

Dieser Text führt uns zu weiteren Literatur-Quellen zum Lamscheider Stahlbrunnen aus den Jahren 1868 und 1898.

Sie alle sind mit dem Namen FRESENIUS verbunden – Carl **Remigius** (1818-1897) und Remigius **Heinrich** (1847-1920) Vater und Sohn.

C. Remigius Fresenius über den Lamscheider Brunnen 1869

Die Fortführung der Geschichte des Brunnens erfahren wir aus der Veröffentlichung von REMIGIUS FRESENIUS, die 1869 erschien:

„Im Jahre 1824 erwarb Herr D' A v i s käuflich den Brunnen. Derselbe wendete sein ganzes Bestreben auf die Emporbringung der Quelle, indem er die chemische Analyse des Wassers durch Herrn Professor Dr. G u s t a v B i s c h o f in Bonn vernehmen, und eine Beschreibung seiner physikalisch-chemischen Eigenschaften und Heilwirkungen von Dr. C h r. F r i e d r. H a r l e s s in Bonn herausgeben und verbreiten liess. Herr D' A v i s starb indessen, ehe er seine Pläne und Anlagen ausgeführt hatte und da die Nachfolger desselben weder Kenntniss vom Brunnengeschäfte noch die erforderliche Energie und Fonds zum Betriebe hatten, so geriethen auch die neuen Anlagen im Laufe der Jahre wieder gänzlich in Verfall.
Im Frühjahr 1868 vereinigten sich die Herren M o r i t z G e r h a r d i und M a x i m i l i a n S c h i p p u s, erwarben käuflich den Brunnen nebst zugehörigen Gebäulichkeiten, eröffneten das Brunnengeschäft unter der Firma: Lamscheider Mineralbrunnen, Gerhardi & Cie., in Boppard am Rhein, und wenden ihre ganze Thätigkeit auf die Hebung des Lamscheider Heilbrunnens. –

Dem Wunsche dieser Herren entsprechend habe ich die genaue Untersuchung des Brunnens ausgeführt, deren Resultate im Folgenden niedergelegt sind.

B. Physikalische Verhältnisse.

Der Brunnen, dessen Fassung, wie aus dem Früheren erhellt, im Laufe der Jahre mangelhaft geworden war, wurde im Frühjahr 1868 neu, solid und zweckmässig in Stein gefasst; die Fassung geht vom Wasserspiegel zu 12 ½ Fuss in die Tiefe und zwar bis in den blauen Thonschiefer, aus dem die Quelle zu Tage kommt. Der runde, mit einem

Steinkranz versehene Brunnenschacht hat 0,795 Meter oder etwa 2 ½ preussische Fuss lichte Weite.

Das Wasser der reichlich sprudelnden Quelle ist in starker Bewegung durch reichliche, grosse und kleine Gasblasen, welche in der ganzen Rundung des Brunnenschachtes fortwährend aufsteigen.

Das Wasser ist ganz farblos, ganz klar, im Glas stark perlend. Der Geschmack des Wassers ist stark prickelnd, sehr angenehm kohlensäuerlich, erfrischend, eisenartig. Einen Geruch hat das Wasser nicht und auch nach dem Schütteln in halbgefüllter Flasche, wobei sich viel Kohlensäure entbindet, lässt sich ein solcher nicht wahrnehmen.

Was die Ergiebigkeit der Quelle an Wasser betrifft, so fand ich bei wiederholten, am 2. August 1868 angestellten Messungen, dass dieselbe in einer Minute fast genau 10 Liter Wasser lieferte, somit in einer Stunden 600 Liter und in 24 Stunden 14,400 Liter.

Die Menge des der Quelle frei entströmenden Gases liess sich bei der Art ihrer Fassung nur annähernd bestimmen. Sie betrug am genannten Tage in einer Minute etwa 4 Liter. Somit steht die Menge des von der Quelle gelieferten Wassers zu der des ihr frei entströmenden Gases in dem Verhältnisse 5:2.

Das frei ausströmende Gas ist fast reine Kohlensäure. 177 CC. liessen nur 0,66 CC. durch Kalilauge unabsorbirbaren Rückstand.

Die Temperatur des Wassers fand ich an dem genannten Tage bei 20° C. Lufttemperatur sowohl bei directer Beobachtung des in das Wasser im Schachte gesenkten Thermometers als bei Prüfung des aus den Krahnen ablaufenden Wassers gleich 10,2° C. oder 8,16° R.

Das specifische Gewicht des Wassers ergab sich, nach der von mir angegebenen Methode bestimmt, bei einer Temperatur von 23,7° C. gleich 1,00147.

Der Lamscheider Stahlbrunnen im Deutschen Bäderbuch 1907

1898 untersuchte Heinrich FRESENIUS den *Lamscheider Stahlbrunnen* erneut – die Ergebnisse sind im *Deutschen Bäderbuch* (Leipzig 1907) als letzte Analyse das *Lamscheider Stahlbrunnens* aus dem 19. Jahrhundert veröffentlicht. Sie wurde von Heinrich Fresenius selbst 1898 durchgeführt 1899 unter dem Titel *„Chemische Untersuchung des Lamscheider Stahlbrunnens Emma-Heilquelle"* (Wiesbaden) veröffentlicht.
Darin ist zu lesen:

Lamscheider Stahlbrunnen

Nahe dem Dorfe Lamscheid bei Boppard am Rhein, im Regierungsbezirk Coblenz der Rheinprovinz, entspringt der ‚Lamscheider Stahlbrunnen' 3 ½ m tief aus Tonschiefer der Coblenzschichten.

Die Quelle war schon im 16. Jahrhundert als Heilquelle bekannt. Seit 1898 ist sie neu gefaßt.

[Die Analysenergebnisse werden sowohl in Verbindungen – als Salze – als auch in Ionen-Konzentrationen angegeben, von denen nur die letzteren wie heute üblich wiedergegeben werden – in mg/kg – und in Klammern die 1954 und 1969 vom Laboratorium Fresenius, Wiesbaden ermittelten Daten aus W. Carlé, s. Literatur; (-): keine Angabe]:

Kationen	**1898**	**1954**	**1969**
Kalium	3,183	(1,68)	(2)
Natrium	26,29	(27,68)	(29)
Lithium	0,139	(-)	(-)
Ammonium	0,157	(-)	(-)
Calcium	148,1	(151)	(154)
Strontium	0,038	(-)	(-)

Barium	0,192	(-)	(-)
Magnesium	55,49	(51,74)	(59)
Eisen	24,93	(24,67)	(25)
Mangan	3,013	(5,68)	(5)
Anionen			
Chlorid	3,335	(5,36)	(6)
Sulfat	4,847	(6,56)	(9)
Hydrogenphosphat	0,323	(-)	(-)
Hydrogencarbonat	852,5	(844,5)	(891)
Kieselsäure	41,18	(39,97)	(-)
Summe	11633	(1158,84)	(1223)
Kohlenstoffdioxid	2857	(2505)	(2440)

Abschließend stellte Heinrich Fresenius im Deutschen Bäderbuch (1907) fest:

Die Summe der gelösten festen Bestandteile beträgt 1,2 g, wobei Hydrogencarbonat-, Calcium- und Magnesium-Ionen vorwalten. Mit Rücksicht auf den Gehalt an Eisen (25 mg) und freiem Kohlendioxyd ist die Quelle als ‚e r d i g e r   E i s e n s ä u e r l i n g' zu bezeichnen.
[Es handelt sich somit nach heutigen Bezeichnungen um einen eisenhaltigen Calcium-Magnesium-Hydrogencarbonat-Säuerling.]

Das Wasser wird an der Quelle in natürlichem Zustand auf Flaschen gefüllt und kommt von Boppard am Rhein aus zum Versand (1903: 25 000; 1904: 90 000; 1905: 186 000 Flaschen). – Die Quelle ist im Besitz der G.m.b.H. ‚Lamscheider Stahlbrunnen' in Düsseldorf."
[1966 waren noch 55 Personen im Wasserversand beschäftigt.]

LITERATUR
(so weit nicht bereits im Text angegeben)

Funke, Maximilian: Physisch-chemische Abhandlung des Lamscheider Mineralwassers, Cöln 1808.

Zachariae, Victor: Medicinische Bedeutung der Emma-Heilquelle (Lamscheider Stahlbrunnen), ihre Geschichte, Zusammensetzung und Indication, Kreidel, Wiesbaden 1899.

Carlé, Walter: Die Mineral- und Thermalwässer von Mitteleuropa. Geologie, Chemismus, Genese, Wiss. Verlagsges., Stuttgart 1975.

Schwedt, Georg: C. Remigius Fresenius und seine Mineralwasseranalysen. An den Quellen im und am Taunus, Shaker Media, Aachen 2013.

Schwedt, Georg: Berühmte Chemiker und Mediziner über den Selters Brunnen, Shaker Media, Aachen 2013.

Schwedt, Georg: Sprudelnde Mineralwässer in Bad Neuenahr. Eine historische Spurensuche, Shaker Media, Aachen 2014.

Schwedt, Georg: Ferdinand Wurzer und die Gründung des Godesberger Gesundbrunnens, Verein für Heimatpflege und Heimatgeschichte Bad Godesberg e.V. (Hrsg.), Bonn-Bad Godesberg 2015.

Schwedt, Georg: Mineral- und Heilwässer vom Rhein, von der Ahr und der Eifel, Bonn 2011.